0934

O Direito ao Meio Ambiente
ECOLOGICAMENTE EQUILIBRADO COMO DIREITO FUNDAMENTAL

T266d   Teixeira, Orci Paulino Bretanha
        O direito ao meio ambiente ecologicamente equilibrado como direito fundamental / Orci Paulino Bretanha Teixeira. – Porto Alegre: Livraria do Advogado Ed., 2006.
        154 p.; 23 cm.
        ISBN 85-7348-405-5

        1. Direito Ambiental. 2. Meio ambiente. 3. Proteção ambiental. 4. Direitos e garantias individuais. I. Título.

CDU - 349.6

Índices para o catálogo sistemático:

Direito Ambiental
Meio ambiente
Proteção ambiental
Direitos e garantias individuais

(Bibliotecária responsável: Marta Roberto, CRB-10/652)

Orci Paulino Bretanha Teixeira

O Direito ao Meio Ambiente
ECOLOGICAMENTE EQUILIBRADO COMO DIREITO FUNDAMENTAL

livraria
DO ADVOGADO
editora

Porto Alegre 2006

© Orci Paulino Bretanha Teixeira, 2006

Capa, projeto gráfico e diagramação de
Livraria do Advogado Editora

Revisão de
Rosane Marques Borba

Direitos desta edição reservados por
Livraria do Advogado Editora Ltda.
Rua Riachuelo, 1338
90010-273 Porto Alegre RS
Fone/fax: 0800-51-7522
editora@livrariadoadvogado.com.br
www.doadvogado.com.br

Impresso no Brasil / Printed in Brazil

Às minhas filhas MARIANA e ANA PAULA, bacharéis em Ciências Jurídicas e Sociais, colaboradoras nas pesquisas e trabalhos jurídicos; à SOPHIA, esperança de um futuro melhor para a humanidade em um ambiente saudável.

Ao Prof. Dr. INGO WOLFGANG SARLET, agradeço a paciência, a atenção dispensada; a sabedoria dos ensinamentos; o comprometimento com o ser humano em sua dignidade; e, por fim, a bondade, a orientação e o estímulo para a conclusão desta obra, que resultou na publicação, que ora entrego ao público, aos meus alunos e ex-alunos para crítica e sugestões.

Agradeço aos professores do Curso de Mestrado da PUCRS, todos de notável cultura e zelo, pelo desenvolvimento da docência nesta Universidade; ao Prof. Dr. Juarez Freitas, Coordenador do Programa de Pós-Graduação em Direito desta Universidade, pela especial atenção com que trata seus colegas e alunos e pela busca de qualidade para o Programa de Pós-Graduação, uma referência nacional.

Pelas sugestões e revisão do texto, agradeço à Prof. Ellen Garber; pela apresentação elogiosa e carinhosa, pela amizade e coleguismo, pelo espírito imbuído no trato com a questão ambiental, agradeço à Prof. Fernanda Luiza Fontoura de Medeiros; à Mariana Furlan Teixeira e à Ana Paula Furlan Teixeira, pela colaboração na pesquisa que resultou na elaboração desta obra.

Prefácio

Ao receber o honroso e gentil convite para prefaciar esta obra, que consiste no texto revisto e atualizado da dissertação de mestrado apresentada pelo autor, Professor Mestre ORCI PAULINO BRETA-NHA TEIXEIRA, na Faculdade de Direito da Pontifícia Universidade Católica do Rio Grande do Sul, cujo corpo docente tenho o privilégio de integrar, fui tomado simultaneamente por um sentimento de alegria e orgulho. Alegria, por testemunhar a felicidade do colega e amigo ORCI em superar, com competência, esta relevante etapa no âmbito de sua trajetória acadêmica e existencial. Orgulho, pelo fato de ver o colega ORCI conquistando seu título de Mestre em Direito dissertando sobre assunto (O Direito ao Meio Ambiente) em relação ao qual tem ocupado, de há muito, papel de amplamente reconhecido e merecido destaque, seja como membro (ora aposentado) do Ministério Público, com atuação incansável, pioneira e frutífera na defesa de um meio ambiente equilibrado, seja como professor, orientador e multiplicador da causa do meio ambiente na sociedade e no meio acadêmico.

Sem que se vá aqui aprofundar qualquer aspecto ligado ao tema, importa, contudo, lembrar que, notadamente, a partir da promulgação da nossa vigente Constituição, o meio ambiente e a sua proteção passaram a ocupar um lugar de destaque no âmbito de nossa arquitetura constitucional, de tal sorte que também o Estado democrático de Direito consagrado na nossa Carta Magna (e não apenas pela previsão expressa de um direito à proteção do meio ambiente) pode ser designado como sendo um verdadeiro Estado Constitucional Ambiental, tal qual costuma ser caracterizado por autores do porte de Michael Kloepfer (Alemanha), Joaquim José Gomes Canotilho (Portugal) e, entre nós, Paulo Affonso Leme Machado, José Rubens Morato Leite, José Afonso da Silva, Celso Pacheco Fiorillo e, mais recentemente,

Fernanda Fontoura de Medeiros, apenas para citar alguns dos que se têm notabilizado não apenas na teorização, mas também por sua contribuição para a afirmação deste modelo de Estado por meio do debate acadêmico e da sua militância concreta na defesa do meio ambiente como conjunto (necessariamente heterogêneo) de direitos e deveres fundamentais da pessoa e da vida humana e, para além da humana, de todos os seres que integram a complexa teia da vida que habita o nosso planeta.

Além do exposto e na tentativa de sermos fiéis ao nosso propósito de não efetuar uma digressão sobre a temática versada nesta obra, importa destacar, ainda, que o texto ora apresentado ao leitor é fluido e de agradável leitura, facilitando a compreensão de toda a gama de questões enfrentadas, além de revelar a independência e autonomia intelectual do autor na defesa de seus pontos de vista e do modo de formatação do texto. Enfim, cuida-se de trabalho elaborado com a seriedade e cuidado de quem leva a sério a causa ambiental e que, sem abrir mão da defesa da proteção eficiente do meio ambiente, não recai no excesso de um fundamentalismo ecológico, que não serve nem à nobre causa ambiental e nem à causa de outros direitos fundamentais.

Para finalizar, só nos resta almejar que o autor e sua obra venham a alcançar o merecido sucesso, notadamente com a acolhida ampla deste texto nos meios acadêmico e profissional.

Porto Alegre, janeiro de 2006.

Prof. Dr. Ingo Wolfgang Sarlet

Sumário

Apresentação – Fernanda Luiza Fontoura de Medeiros 13

Introdução 17

1. Breve histórico da idéia de defesa ambiental 21

2. Evolução da proteção jurídica do meio ambiente 27
    2.1. No Direito Internacional 27
    2.2. No Direito Ambiental constitucional estrangeiro 39
    2.3. Na legislação infraconstitucional brasileira 45
    2.4. No Direito Constitucional Ambiental brasileiro 57

3. Meio Ambiente – Direito e Dever Fundamental 67
    3.1. Aspectos gerais e pressupostos do Direito Fundamental ao Meio Ambiente
        ecologicamente equilibrado 67
    3.2. As gerações de direitos 76
    3.3. Fundamentação do Direito ao Meio Ambiente na Constituição brasileira . 82
    3.4. Meio ambiente: complexo de direitos e deveres 86
        3.4.1. Meio ambiente como direito fundamental 86
        3.4.2. O meio ambiente como dever fundamental 91
    3.5. Titularidade: interesses individuais e transindividuais 95

4. O Estado de Direito Ambiental na Constituição de 1988 101
    4.1. A crise do desenvolvimento econômico e do meio ambiente 101
    4.2. Os contornos do Estado de Direito Ambiental 107
    4.3. A educação ambiental como instrumento do Estado de Direito Ambiental 111

5. Eficácia das normas fundamentais em matéria ambiental 115
    5.1. Considerações preliminares 115
    5.2. Proibição de retrocesso 122
    5.3. Limites e conflitos 125
    5.4. Meio ambiente como limite de outros direitos fundamentais 126
    5.5. Direito ambiental: instrumento de intervenção na ordem econômica . . 136

Conclusão 143

Referências bibliográficas 149

Apresentação

Mário Quintana, em A Rua dos Cataventos, canta assim:

> Escrevo diante da janela aberta.
> Minha caneta é cor das venezianas:
> Verde!... E que leves, lindas filigranas
> Desenha o sol na página deserta!
> Não sei que paisagens doidivanas
> Mistura os tons... acerta... desacerta...
> Sempre em busca de nova descoberta,
> Vai colorindo as horas quotidianas...
> **Jogos da luz dançando na folhagem!**
> **Do que eu ia escrever até me esqueço...**
> **Pra que pensar? Também sou da paisagem...**
> Vago, solúvel no ar, fico sonhando...
> E me transmuto... iriso-me... estremeço...
> Nos leves dedos que me vão pintando!

E assim nos ensinou, assim nos inspirou, assim nos instigou o Orci. O Orci professor, o Orci Promotor de Justiça, o Orci agitador, o Orci inventor, o Orci criador, o Orci protetor, e mais do que tudo isso, ou melhor, tudo isso, o Orci amigo, incentivador, que não poupa esforços para agregar pessoas e sonhos no que concerne à proteção do ambiente em que vivemos. Afinal, **também somos da paisagem!!!**

Quando recebi o convite para participar dessa sua mais nova criação, fui inundada por um sentimento de honra e imensa alegria. Poder participar dessa obra é um privilégio não só pelo fato de o tema me ser extremamente querido, mas também pela questão de a pesquisa realizada ter sido brilhantemente desenvolvida e de extrema qualidade. Participar dessa obra já é um privilégio por si só em razão de seu autor, **Orci Paulino Bretanha Teixeira**, professor universitário, ser a fonte de inspiração e referência do Ministério Público gaúcho na área do Meio Ambiente e de todos aqueles que labutam pela proteção jurídica do ambiente em nosso Estado. O autor foi um dos primeiros a ingressar

O Direito ao Meio Ambiente
ECOLOGICAMENTE EQUILIBRADO COMO DIREITO FUNDAMENTAL

com uma Ação Civil Pública em prol da proteção ambiental em solo gaúcho e serviu de estímulo e impulsionador para que outros promotores seguissem a sua trajetória. Esse, o Orci desbravador.

Para além da relevância temática, a obra publicada já nasce com selo de qualidade acadêmico-científica. O presente estudo é fruto da pesquisa realizada no curso de Mestrado realizado pelo autor no Programa de Pós-Graduação em Direito – Mestrado e Doutorado da Pontifícia Universidade Católica do Rio Grande do Sul, sob a orientação do Prof. Dr. Ingo Wolfgang Sarlet, rendendo-lhe o título de Mestre em Direito.

O autor partilha comigo, ou mais provavelmente, eu partilho com ele, e com outros jusambientalistas, das preocupações atinentes à proteção do ambiente que nos envolve, nos dá e mantém a vida como um verdadeiro direito fundamental. O ponto nuclear da pesquisa desenvolvida pelo autor está alicerçado no estudo da teoria dos direitos fundamentais e, a partir desse referencial teórico, há um trilhar fundamentado pela proteção ambiental.

A publicação dessa obra me traz, ainda, outra alegria. Nosso Núcleo de Estudo e Pesquisa Ambiente e Direito – NEPAD –, movimento da Faculdade de Direito da PUCRS, que é fruto do trabalho pioneiro do professor Orci, já está com todos os seus professores com mestrado e outros tantos em estágio de doutoramento. Esse título, que ora se apresenta, solidifica ainda mais as nossas bases de pesquisa na seara ambiental.

Nesse sentido, parabenizo a Livraria do Advogado Editora, que traz a público essa relevante obra, proporcionando a todos aqueles que se preocupam com a saúde do planeta em que vivemos e, ao fim e ao cabo, com a nossa própria vida. A literatura ambiental ganha fôlego com essa pesquisa jurídica, talvez o fôlego de que precisamos para enfrentar diariamente a luta pela proteção do ambiente, assim como faz incansavelmente o autor dessas linhas que vocês terão o prazer de ler.

Finalizo a minha fala da maneira como comecei, com Mário Quintana. Tantas são as poesias desse gaúcho alegretense que me lembram o professor Orci, que fica difícil escolher uma única para dedicar-lhe. Mas sua entrega, seu talento e seus sonhos são tantos e tão belos no que tange à proteção do meio e do próprio homem, nem que seja um pouquinho de cada vez, que Das Utopias me parece perfeita!

Se as coisas são inatingíveis... ora!
Não é motivo para não querê-las...
Que tristes os caminhos, se não fora
A presença distante das estrelas!

A comunidade jurídica detém, em suas mãos, a comprovação de que certas coisas somente parecem inatingíveis! Proteger o ambiente no atual estágio de evolução de nossa sociedade, ainda mais, levando-se em consideração o tipo de sociedade que optamos ser, pode parecer um triste caminho... Mas não é: há estrelas! O autor nos ilumina o caminho diariamente como se fosse uma estrela! Parabéns ao autor, estrela que nos guia, e à Livraria do Advogado Editora!

Porto Alegre, novembro de 2005.

Profª Me. Fernanda Luiza Fontoura de Medeiros

Professora dos cursos de graduação e pós-graduação da Faculdade de Direito da PUCRS. Mestre em Direito pelo programa de pós-graduação em direito da PUCRS. Doutoranda pelo centro de pós-graduação em Direito do Centro de Ciências Jurídicas da Universidade Federal de Santa Catarina. Coordenadora do Curso de Especialização em Direito Ambiental da Faculdade de Direito da PUCRS. Coordenadora do Núcleo de Estudo e Pesquisa Ambiente e Direito (NEPAD) da Faculdade de Direito da PUCRS. Advogada.

Introdução

O homem, em sua longa evolução cultural-econômica, considerou-se o centro e o senhor do Universo (visão antropocêntrica) e, por conseguinte, reservou-se o direito de dispor de todos os bens ambientais. Passou a ver os seres humanos como superiores e a natureza como valor instrumental e econômico, destinada ao seu uso, de acordo com sua vontade. Por força desta visão distorcida, as relações entre o homem e a natureza nunca se deram de maneira tão desastrosa em seu conjunto como nesses últimos séculos – inclusive com risco de perecimento de toda a vida existente. A sobrevivência humana, sem a menor dúvida, depende da capacidade de o homem respeitar a Terra.

Durante séculos, a humanidade transformou recursos ambientais em bens econômicos, algumas vezes à custa do equilíbrio do ecossistema. Com práticas econômicas predatórias, o homem perdeu seu vínculo com a Terra, afastando-se dela cada vez de forma mais acelerada, a ponto de comprometer a harmonia com o mundo natural. A Terra, antes considerada a mãe, passou a ser tratada como propriedade privada e simples fornecedora de insumos ou como depósito de resíduos.

Para mudar esta prática nociva ao planeta, o direito ao meio ambiente ecologicamente equilibrado é erigido a direito fundamental, em que os recursos ambientais são definidos como bem de uso comum do povo e interesse difuso. Assim, o direito ao meio ambiente passa a ser definido como direito transindividual, com sustentação constitucional, abrangendo princípios e regras de proteção e de promoção do bem-estar social e individual. Além disso, pode ser entendido como um valor, daí sua máxima importância que leva ao dever de proteção, inclusive com a edição, pelos Estados, de normas penais, administrativas e civis.

Esta dissertação visa ao estudo do direito ao meio ambiente ecologicamente equilibrado como direito fundamental. A temática, em seus limites, trata do meio ambiente natural ou do meio ambiente tomado em seu sentido genérico. Para discussão, a pesquisa bibliográfica leva em consideração a doutrina e a legislação, com uma breve passagem pela jurisprudência e pelo direito comparado, especialmente o constitucional.

Para o desenvolvimento dos temas eleitos, far-se-á um breve histórico da idéia de defesa ambiental, da evolução da proteção jurídica do meio ambiente no direito internacional, na legislação infraconstitucional, e nos direitos ambientais constitucionais tanto do Brasil como de outros países. Após, serão enumeradas as principais características do direito fundamental ao meio ambiente ecologicamente equilibrado. Para abordar este problema do ponto de vista dos direitos fundamentais, será feita uma análise sobre o meio ambiente como direito e dever fundamental e como interesse transindividual, sem descurar de sua dimensão individual; e seus titulares serão estudados à luz da legislação constitucional brasileira. A eficácia das normas constitucionais em matéria ambiental será considerada como tema de fundamental importância para efetivar de forma progressiva a implementação do direito ambiental em aparente conflito com o também fundamental direito ao desenvolvimento econômico.

Ocorre que, entre estes dois direitos, existe uma área de tensão, ou melhor, um conflito dos dois interesses, que dificulta a implementação do direito ao meio ambiente ecologicamente equilibrado. Para tentar solucionar esta tensão permanente, será feita uma tentativa para discernir a interpretação das normas que fundamentam o direito ambiental brasileiro, lembrando que o direito ambiental pode servir de instrumento para intervir na ordem econômica e na tutela do equilíbrio ambiental. Para analisar o diálogo entre esses interesses fundamentais, foi adotado o método dialético adequado à progressiva constitucionalização do direito ambiental. Visando à proposta de um Estado de Direito Ambiental, a efetivação das normas ambientais foi analisada.

Como proposta de harmonização da legislação com os fatos econômicos, considerar-se-á o equilíbrio do ecossistema, por ser essencial à sadia qualidade de vida e à dignidade da pessoa humana e o desenvolvimento econômico, fator de bem-estar social, também positivado pela legislação constitucional brasileira. A questão, então, é criar um modelo de Estado de Direito Ambiental de acordo com a capacidade ou com o limite que a economia possa suportar, sem comprometer o equilíbrio ambiental; e aferir o valor preponderante entre desenvolvimento e meio ambiente. Entre outras soluções, tutelar o meio ambiente ecologicamente equilibrado assume a máxima importância. Este direito encontra-se no rol dos direitos fundamentais – e é um direito acima dos direitos de natureza infraconstitucional e direito fundamental, embora não tenha sido contemplado no catálogo dos direitos fundamentais reconhecidos pelo constituinte brasileiro de 1988.

Buscar-se-á também respaldo na evolução histórica dos institutos jurídicos que cuidam do meio ambiente. Antes, esta evolução era determinada por fatores de ordem predominantemente econômica; hoje é determinada também por fatores de natureza ambiental. Embora interesses distintos tenham regido a evolução da legislação de natureza ambiental, pode-se afirmar que os legisladores sempre estiveram atentos ao papel do Estado com o dever de defender a qualidade ambiental para as presentes e futuras gerações, mesmo que tenha que restringir o próprio direito de propriedade dos indivíduos.

Ao operador do direito cabe fazer um juízo de valor, para relativizar os dois direitos fundamentais e garantir o direito de propriedade. Como resultado desta ponderação de valores, o operador retira dos direitos o seu caráter de direito absoluto. Em alguns casos específicos – especialmente quando for constatado risco ao meio ambiente ecologicamente equilibrado –, o direito ao meio ambiente, aliado à função social e ambiental da propriedade, sobrepõe-se ao direito ao desenvolvimento, mas não o exclui, pois ambos são direitos fundamentais. Porém, como o direito ao meio ambiente é essencial à qualidade de vida e à dignidade da pessoa humana – princípio que deverá ser considerado pelo intérprete –, muitas vezes a ele é dado maior valor ou é considerado hierarquicamente superior aos demais. Daí a necessidade da interpretação sistemática do direito para saber qual prevalecerá ante o caso concreto.

Em síntese, proteger e preservar o ecossistema significa respeitar os interesses das presentes e futuras gerações: o homem é colocado pela ordem jurídica constitucional como guardião dos bens ambientais em benefício próprio e das gerações do futuro, e deverá estabelecer um pacto de harmonia com a natureza. Para tanto, o direito ao meio ambiente será examinado como instrumento legal para a intervenção do Poder Público na economia; para a proteção e a preservação dos recursos ambientais, cujos titulares são as presentes e futuras gerações, ou seja, a humanidade.

O Direito ao Meio Ambiente
ECOLOGICAMENTE EQUILIBRADO COMO DIREITO FUNDAMENTAL

1. Breve histórico da idéia de defesa ambiental

O desafio da humanidade é conciliar o desenvolvimento com a proteção e a preservação ambiental, para não inviabilizar a qualidade de vida das futuras gerações e o exercício do direito de propriedade sobre os bens ambientais. A causa para tanto é uma só: a partir da natureza, o ser humano desenvolve suas atividades econômicas, culturais, etc., conforme leciona Plauto Faraco de Azevedo.[1]

A fundamentabilidade do direito ao meio ambiente ecologicamente equilibrado será determinada através da análise dos antecedentes históricos da proteção jurídica ao ambiente e de um breve estudo sobre a evolução do direito de propriedade. Esta conciliação será alcançada pela conscientização – que tem como um de seus instrumentos a educação ambiental – pela edição e implementação da legislação com abertura para a defesa do meio ambiente ecologicamente equilibrado como interesse difuso e patrimônio da humanidade. Portanto, deve-se refletir sobre o ambiente em seus diversos ecossistemas, nos quais estão inseridos os elementos essenciais à vida humana.

O direito ambiental retrata um direito de defesa do planeta, pois, ao mesmo tempo que determina a proteção e a preservação dos bens ambientais, busca a harmonia no ecossistema, com a conseqüente geração de impactos positivos no ambiente. Em progressiva implementação, possui regras cada vez mais restritivas à iniciativa econômica, que são justificadas pela própria ação predatória do ser humano (cul-

---

[1] "Pensar sobre o Direito Ambiental importa em refletir sobre o solo da vida – o ambiente – em seus infinitos ecossistemas e correlações, em cuja totalidade insere-se a vida humana. É sobre a base da natureza que o homem desenvolve sua atividade cultural, segundo certos valores, na busca de múltiplos objetivos, cuja paulatina tessitura constitui a História." AZEVEDO, Plauto Faraco de. *Método e Hermenêutica Material no Direito*. Porto Alegre: Livraria do Advogado, 1999, p. 129.

turalmente liberado, sem restrições morais ou legais para poluir, interessava-lhe o progresso econômico a qualquer custo, como lídima expressão da faculdade de dispor sobre o destino dos bens submetidos à sua vontade). Nesta reflexão, as posições jurídicas e as críticas que apontam o direito ambiental como carregado de normas exageradas não são levadas em consideração, em obediência aos próprios limites da dissertação.

No estudo do direito ao meio ambiente ecologicamente equilibrado, deve ser considerada sua evolução como direito fundamental a partir de dois momentos: sua origem próxima e remota. Quanto à origem remota, cabe aqui o mesmo pensamento que Édis Milaré[2] desenvolve com o seu costumeiro respeito ao planeta e à vida. O homem antigo sempre esteve preocupado com o seu entorno – estava mais próximo da natureza pura e mantinha com ela uma relação harmônica, retirando apenas o essencial para sua sobrevivência, pois não tinha a menor preocupação em acumular riquezas. Agia e comportava-se como um dos elementos do ecossistema.

Ao contrário, o homem moderno, em suas atividades econômicas, atua em total esquecimento com o que o nosso planeta levou bilhões de anos para formar. As antigas civilizações proibiam a prática de condutas lesivas ao meio ambiente – o que demonstra uma preocupação pela preservação do ecossistema equilibrado. Conforme referência de Édis Milaré, desde a Antiguidade a proteção ambiental é objeto, em maior ou menor grau de preocupações, especialmente animais e árvores frutíferas.

Porém, essa desconsideração para com a natureza nem sempre foi a regra. No século III, antes da nossa era, Asoka[3] – imperador indiano – promulgou um código de leis baseadas na Regra de Ouro do budismo.

---

[2] "De fato, a proteção do ambiente, desde os mais remotos tempos, vem sendo objeto de preocupação, em maior ou menor escala, de todos os povos, valendo lembrar, a título de ilustração, que noções precursoras sobre biodiversidade e conservação das espécies animais podem ser encontradas no Gênesis. O Deuteronômio já proibia o corte de árvores frutíferas, mesmo em caso de guerra, com pena de açoite para os infratores." MILARÉ, Édis. *Direito do Ambiente*. São Paulo: Revista dos Tribunais, 2001, p. 78.

[3] "Edito nº I. Toda vida é sagrada. De ora em diante não haverá mais matanças – nem de homens pela glória militar, nem de animais para o altar dos sacrifícios ou para a mesa real. A simplicidade, baseada na brandura, será agora a regra tanto nas casas nobres como nas humildes. II. É dever dos indivíduos e do Estado zelar pelo bem-estar de todos os seres vivos." THOMAS, Henry; THOMAS, Dana Lee. *Vidas de Estadistas Famosos*. VALLANDRO, Lino (trad.). 5ª ed. Porto Alegre: Globo, 1956, p. 24.

Nestes editos, em número de quatorze princípios, segundo consta são os primeiros da história com o objetivo de proteger e de preservar a vida, Asoka dispôs sobre os deveres dos homens e sobre os direitos de todas as criaturas vivas, bem como sobre o dever de poupar os recursos para as gerações posteriores.

Quer dizer, não é de agora que o direito ao meio ambiente ecologicamente equilibrado e o direito ao desenvolvimento estão imbuídos dos mesmos propósitos. Há muito objetivam melhores condições para que o homem tenha uma vida digna, de acordo com a cultura de seu tempo e espaço. Esta é a razão pela qual dependem da instrumentalização da proteção dos bens ambientais e de uma nova leitura do direito de propriedade dos bens ambientais, que antes era de uso exclusivo de seus titulares ou usuários – direito quase absoluto – e hoje está relativizado ante as funções sociais e ambientais.

Quanto à origem próxima do direito ambiental, em apenas um século a evolução legislativa foi significativa. Os legisladores passaram a interessar-se pelo ecossistema de forma global. Os bens ambientais deixam de ser tratados apenas em seu aspecto local ou regional – não são bens exclusivamente individuais – e passam a ser considerados a partir de sua relação com todo o ecossistema. Tal assertiva leva à idealização de um direito ambiental internacional, que Geraldo Eulálio do Nascimento e Silva[4] define como conjunto de regras e princípios que geram direitos e deveres de natureza ambiental para os Estados, as organizações intergovernamentais e os indivíduos. Conforme esclarece Fernanda Luiza Fontoura de Medeiros,[5] dentre outros autores, este é o grande desafio da humanidade por meio do Direito Internacional Ambiental: assegurar a proteção ambiental.

E não haveria de ser diferente. Esta preocupação, conforme já referido, tem sua origem nas conseqüências nocivas que a poluição transfronteiriça traz ao ecossistema: os agentes degradadores são transportados pelos elementos da natureza que não respeitam limites geográficos. A poluição que não respeita fronteira ou limites – atinge o

---

[4] SILVA, Geraldo Eulálio do Nascimento e. *Direito Ambiental Internacional*. Rio de Janeiro: Thex, 1995, p. 5.

[5] "O Direito Internacional do Meio Ambiente busca satisfazer um dos maiores desafios que a Comunidade Internacional tem que enfrentar em nossos dias: assegurar a proteção a um ambiente que se encontra acometido por um processo de inexorável deterioração." MEDEIROS, Fernanda Luiza Fontoura de. *Meio Ambiente: Direito e Dever Fundamental*. Porto Alegre: Livraria do Advogado, 2004, p. 44.

O Direito ao Meio Ambiente
ECOLOGICAMENTE EQUILIBRADO COMO DIREITO FUNDAMENTAL

ambiente, ultrapassando o local onde é gerada. Com isso, a sadia qualidade de vida do planeta é comprometida.

O uso absoluto e abusivo da propriedade privada, esteio da economia, é a causa de tanto desrespeito à natureza. O direito ao uso exclusivo da propriedade foi instituído em torno de noções individualistas, certamente sem compromisso com os interesses da humanidade. As preocupações coletivas e sociais competiam exclusivamente ao Estado, que confundia o interesse público com a vontade de seus soberanos ou mandatários. Com suporte em profunda pesquisa histórica, François Ost[6] – filósofo e jurista, professor na *Facultés Universitaires,* em Bruxelas – afirmou, com muita propriedade, que a humanidade, há milênios, polui seu ambiente e submete-o ao dízimo.

Com a evolução do direito privado ocidental, o direito de propriedade tornou-se absoluto, podendo o proprietário exercer o seu direito contra todos, pois prevalecia o interesse individual. Nos países de cultura ocidental, a concepção individualista do direito de propriedade constituiu-se em forte obstáculo à proteção e à preservação do meio ambiente. Com o desenvolvimento descuidado e executado a qualquer custo, foram destruídas florestas, exterminada a fauna, poluídas as águas. Enfim, o meio ambiente foi prejudicado, e a qualidade de vida foi degradada. Durante muitos séculos, tal conduta foi permitida como mecanismo econômico, a exemplo das queimadas e desmatamentos que são seculares.

Para reverter tal quadro, foram introduzidas as funções social e ambiental da propriedade. Com suporte na Constituição Federal de 1988 – que, segundo nosso entendimento, aperfeiçoou a legislação ambiental brasileira –, foi introduzida a função ambiental da propriedade que, somada à função social dos bens, levou à construção do direito ao meio ambiente ecologicamente equilibrado como direito transindividual e fundamental.

Também em países onde o direito ao meio ambiente não é encontrado nas constituições, a doutrina e a jurisprudência têm dado guarida à defesa ambiental, pois é essencial à sadia qualidade de vida – e, portanto, é imprescindível para garantir a efetividade da dignidade da pessoa humana. Por força da evolução dos institutos jurídicos, o Poder

---

[6] OST, Francois. *A Natureza à Margem da Lei. A ecologia à prova do direito.* CHAVES, Joana (trad.). Lisboa: Instituto Piaget, 1997, p. 32.

Público, através do direito ambiental, passa a intervir na atividade econômica, ditada pelo princípio constitucional de defesa do meio ambiente (CF, art. 170, inciso VI),[7] e atua na proteção e na preservação dos recursos ambientais, bens que têm como titular a humanidade.

Na leitura de José Luís Bolzan de Morais,[8] o núcleo dos interesses transindividuais está no coletivo e na sua titularidade. Para o autor,[9] a evolução do direito individual – por exemplo, a propriedade, antes exclusiva de seus titulares, hoje está vinculada às funções social e ambiental – ao transindividual revela um processo de mutação em relação ao qual a humanidade não pode omitir-se, o que implica dever de respeito aos bens socioambientais e também a obrigatoriedade de sua defesa. O direito ambiental surge como remédio para pôr freio à degradação do ambiente em escala planetária, conforme sintetiza Plauto Faraco de Azevedo.[10]

Mas não foi apenas a partir de 1988 que o direito ambiental regulamentou o uso de bens ambientais: sempre houve um limite para a exploração dos recursos naturais por serem essenciais ao desenvolvimento dos povos. Conforme Nelson Saule Júnior,[11] o desenvolvimento é legítimo desde que tenha por objeto o desenvolvimento sustentável. Isso significa dizer que é preciso criar condições para

---

[7] "Art. 170. A ordem econômica, fundada na valorização do trabalho humano e na livre iniciativa, tem por fim assegurar a todos existência digna, conforme os ditames da justiça social, observados os seguintes princípios:
(...)
VI – defesa do meio ambiente;"

[8] "De uma feição eminentemente liberal-individualística, baseada na apreensão exclusiva/egoística de bens e direitos, caminha-se para a sistematização e normatização dos nomeados interesses transindividuais, onde o núcleo não está mais no indivíduo, como mônada isolada, mas, no 'coletivo' e sua titularidade encontra-se dispersa nele. As novas situações conflituosas definem, então, uma nova conformação para o Direito, que tem na legislação social seu referencial primário." MORAIS, José Luis Bolzan de. *Do Direito Social aos Interesses Transindividuais.* Porto Alegre: Livraria do Advogado, 1996, p. 19.

[9] MORAIS, José Luis Bolzan de. *A Idéia de Direito Social.* Porto Alegre: Livraria do Advogado, 1997, p. 32.

[10] "O Direito Ambiental surge como uma resposta à necessidade, cada vez mais sentida, de pôr um freio à devastação do ambiente em escala planetária, embalada por duas ideologias – a do progresso, derivada do racionalismo iluminista, e a do 'desenvolvimento econômico', concebida no chamado Primeiro Mundo –, ambas arrimadas na concepção mecanicista da ciência, a qual, mercê dos êxitos tecnológicos que propiciou, mudou rapidamente a compreensão e a mesma face do mundo." AZEVEDO, Plauto Faraco de. *Op. cit.*, p. 131.

[11] SAULE JÚNIOR, Nelson. *Novas Perspectivas do Direito Urbanístico Brasileiro. Ordenamento Constitucional da Política Urbana. Aplicação e Eficácia do Plano Diretor.* Porto Alegre: Sergio Antonio Fabris Editor, 1997, p. 44.

O Direito ao Meio Ambiente
ECOLOGICAMENTE EQUILIBRADO COMO DIREITO FUNDAMENTAL

suprir as necessidades das presentes e das futuras gerações e para proteger o meio ambiente ecologicamente equilibrado. Também referiu que o direito ao desenvolvimento está vinculado à proteção ambiental.[12]

---

[12] SAULE JÚNIOR, Nelson. *Op. cit.*, p. 64.

2. Evolução da proteção jurídica do meio ambiente

2.1. No Direito Internacional

Serão tecidas breves considerações acerca da evolução do direito ao meio ambiente ecologicamente equilibrado no direito ambiental internacional e acerca dos objetivos de proteger alguns bens ambientais e de brecar a ação irresponsável do homem que legou às gerações do presente e do futuro um passivo ambiental irreversível e ameaçador. Para atender a tal desiderato, o direito internacional visou inicialmente proteger os espaços santuários ou as espécies relíquia, no quadro de um ambiente intocado, considerado como um museu a ser conservado em seu estado natural.

A internacionalização da idéia de proteção ambiental foi motivada pela vontade, tanto de defender e de preservar espécies raras ou de relevante interesse na iminência de extinção, como de conservar grandes espaços territoriais virgens, sugerindo deveres aos Estados na defesa de seus ecossistemas. Geraldo Eulálio do Nascimento e Silva,[13] em sua definição de direito ambiental internacional, lembra que este ramo do direito é composto por regras e princípios que impõem obrigações e definem direitos.

Nas últimas décadas, vários tratados foram firmados, versando sobre a proteção de determinadas espécies, tais como acordos sobre pesca e sobre a proteção às focas e baleias. Entretanto, o objetivo das partes não era o de proteger as espécies como integrantes do ecossis-

---

[13] "O direito ambiental internacional pode ser definido como sendo o conjunto de regras e princípios que criam obrigações e direitos de natureza ambiental para os Estados, as organizações intergovernamentais e os indivíduos." SILVA, Geraldo Eulálio do Nascimento e. *Op. cit.*, p. 5.

tema ecologicamente equilibrado, mas sim de defender os interesses econômicos e comerciais, considerando-as como mercadorias. Na verdade, o motivo dos tratados de natureza patrimonial era evitar o esgotamento de recursos com expressão econômica – bens apenas com valor econômico. Pode-se dizer que foi consolidado o direito ambiental moderno como instrumento de intervenção do Poder Público na atividade empresarial: o Estado passa a regulamentar a atividade e a intervir na atividade econômica, moldando-a em benefício do bem comum de natureza ambiental.

O primeiro passo dado, segundo Geraldo Eulálio do Nascimento e Silva,[14] para cuidar do meio ambiente em seu conjunto – recursos ambientais e econômicos – ocorreu em 1923, em Paris, onde foi realizado o primeiro congresso internacional para a proteção da natureza. Este congresso marcou o início para a efetiva implementação de uma legislação de cunho predominantemente ambientalista, o que foi significativo para assegurar o direito ao meio ambiente ecologicamente equilibrado.

Em 1933, na cidade de Londres, conforme Guido Fernando Silva Soares,[15] foi promovida e votada a convenção relativa à conservação da fauna e da flora africanas, em estado natural – o primeiro tratado para a preservação da fauna e da flora. As normas de proteção permitem o uso sustentável dos bens, e as de preservação tornam os recursos ambientais intocáveis, isto é, não é permitida a apropriação dos bens ambientais para atividades poluidoras ou potencialmente degradadoras.

Em 1954, em Londres, a Convenção Internacional para a Prevenção da Poluição do Mar por Óleos constitui, segundo informa Geraldo Eulálio do Nascimento e Silva,[16] o primeiro tratado de proteção do ecossistema em que são encontradas normas de preservação de recursos ambientais. Porém, as normas para combater a poluição do mar não

---

[14] "Para muitos, o I Congresso Internacional para a Proteção da Natureza, realizado em Paris, em 1923, representa o primeiro passo importante no sentido de abordar o problema no seu conjunto. Vários tratados sobre a proteção de determinadas espécies – acordos de pesca, sobre focas e baleias – foram assinados no início do século, mas neles o objetivo das partes não era a proteção das espécies, mas sim a proteção dos interesses econômicos e comerciais." SILVA, Geraldo Eulálio do Nascimento. *Op.cit.*, p. 25.

[15] SOARES, Guido Fernando Silva. *Direito Internacional do Meio Ambiente. Emergência, Obrigações e Responsabilidade*. São Paulo: Atlas, 2001, p. 43.

[16] SILVA, Geraldo Eulálio do Nascimento e. *Op.cit.*, p. 25-26.

consideram o ambiente *lato sensu* – têm unicamente a meta de defender os interesses econômicos. Tal restrição foi abordada por Guido Fernando Silva Soares.[17] A partir de tais eventos, o direito ambiental internacional, em sua lenta e gradual cadeia evolutiva para a defesa do ecossistema ecologicamente equilibrado, foi paulatinamente desligando-se do objetivo único de proteger os monumentos naturais ou construídos pelo homem, para se concentrar na defesa do conjunto de *habitats* ocupados pelas espécies ameaçadas de extinção.

Em junho de 1972 – como extensão dos princípios fixados pela Declaração Universal dos Direitos do Homem, em 1948 –, a Declaração de Estocolmo[18] estabeleceu com clareza que o homem tem direito fundamental à vida saudável, num ambiente de qualidade, isto é, tem direito a uma vida digna, com bem-estar. Assim é que, como observa André Tostes,[19] a Declaração de Estocolmo impôs a obrigação de proteger e melhorar o ambiente para as gerações presentes e futuras e estabeleceu um dever de cuidado com o ambiente: a saúde das populações depende diretamente do equilíbrio ambiental. Conforme justifica com muita propriedade Fernanda Luiza Fontoura de Medeiros,[20] esta Convenção foi o divisor de águas para a busca conjunta pelas nações da implementação da efetiva proteção ambiental.

---

[17] "Sendo assim, já no século XX, porém antes da Grande Guerra, as convenções internacionais sobre temas do meio ambiente eram eminentemente utilitárias e diziam respeito ao comércio mundial de certas espécies animais, com finalidades de preservação dos indivíduos, para fins de exploração econômica. O exemplo típico pode ser visto como o caso da Convenção de 1883, assinada em Paris, para a proteção das focas de pele do Mar de Behring; tal convenção nada mais pretendia, conforme a visão daquela época, senão impedir a extinção da espécie, não pela idéia da preservação do equilíbrio ecológico, mas em função de uma regulamentação do mercado internacional das peles de luxo." SOARES, Guido Fernando Silva. *Op.cit.,* p. 42-43.

[18] "O homem é ao mesmo tempo criatura e criador do meio-ambiente que lhe dá sustento físico e lhe oferece a oportunidade de desenvolver-se intelectual, moral, social e espiritualmente. A longa e difícil evolução da raça humana no planeta levou-a a um estágio em que, com o rápido progresso da Ciência e da Tecnologia, conquistou o poder de transformar de inúmeras maneiras e em escala sem precedentes o meio-ambiente. Natural ou criado pelo homem, é o meio-ambiente essencial para o bem-estar e para gozo dos direitos humanos fundamentais, até mesmo o direito à própria vida".

[19] "A boa saúde de uma população é a síntese do equilíbrio das relações ambientais. Integra, além do mais, o patrimônio natural na condição especial de termo e expressão de um meio ambiente ecologicamente equilibrada". TOSTES, André. *Sistema de Legislação Ambiental.* Rio de Janeiro: Vozes, 1994, p. 119.

[20] "A Conferência de Estocolmo é apontada como o grande divisor de águas para o enraizamento da efetiva busca pela proteção ambiental. E a razão para isso é que a referida conferência contém 26 (vinte e seis) princípios e 109 (cento e nove) resoluções. Podemos afirmar, conjuntamente com outros autores, que, a partir dessa Convenção de 1972, as nações 'passaram a compreender que nenhum esforço, isoladamente, seria capaz de solucionar os problemas ambientais do Planeta'." MEDEIROS, Fernanda Luiza Fontoura de. *Op. cit.,* p. 44.

O Direito ao Meio Ambiente
ECOLOGICAMENTE EQUILIBRADO COMO DIREITO FUNDAMENTAL

A partir da conferência de Estocolmo, a comunidade internacional tomou consciência das questões ambientais planetárias e da necessidade de defender o ambiente. Por esta razão, a conferência foi considerada ponto de partida do movimento ambientalista internacional. A partir dela, várias convenções de caráter internacional foram adotadas. A Diretiva 79/409 da Comunidade Européia, de 2 de abril de 1979, relativa à Convenção de Aves Selvagens, foi inserida na concepção econômica, pois os recursos ambientais eram considerados bens meramente econômicos, como explica Guido Fernando Silva Soares.[21] A convenção assinada em Bonn, em 23 de junho de 1979, tratou da conservação das espécies migrantes pertencentes à fauna selvagem; fixou normas para preservar a fauna selvagem, com a finalidade de conservar os *habitats* e de restringir a captura de aves selvagens para protegê-las e para evitar a sua extinção.

Com a internacionalização das normas fixadas pelas convenções, a defesa do meio ambiente ganhou impulso, produto da conscientização da humanidade, conforme sustentaram Antônio Augusto Cançado Trindade[22] e Guido Fernando Silva Soares.[23] A universalização da legislação embasa-se no fato de que os fenômenos ambientais e suas conseqüências atingem o planeta – o meio ambiente é um sistema no qual os recursos locais são reciclados por uma biomassa composta pela flora e pela fauna associadas em processos mutuamente compatíveis.[24] O dano ambiental produzido num território pode ultrapassar suas fronteiras e gerar poluição em outros estados ou em espaços internacionais,

---

[21] SOARES, Guido Fernando Silva. *Op. cit.,* p. 360.

[22] "As evoluções paralelas dos direitos humanos e da proteção ambiental revelam algumas afinidades que não deveriam passar despercebidas. Ambas testemunham, e precipitam, a erosão gradual do assim chamado domínio reservado dos Estados. O tratamento pelo Estado de seus próprios nacionais torna-se uma questão de interesse internacional. A conservação do meio-ambiente e o controle da poluição tornam-se igualmente uma questão de interesse internacional. Ocorre um processo de internacionalização tanto da proteção dos direitos humanos quanto da proteção ambiental, a primeira a partir da Declaração Universal dos Direitos Humanos em 1948, a segunda – anos após – a partir da Declaração de Estocolmo sobre o Meio-Ambiente Humano de 1972". TRINDADE, Antônio Augusto Cançado. *Direitos Humanos e Meio-Ambiente.* Porto Alegre: Sérgio Antônio Fabris Editor, 1993, p. 39.

[23] "Na verdade, nos dias correntes, tanto as relações comerciais internacionais, quanto à regulamentação internacional do meio ambiente sofrem as conseqüências do fenômeno denominado 'mundialização', ou 'globalização'." SOARES, Guido Fernando Silva. *Op.cit.,* p. 139.

[24] Esta afirmação está de acordo com o que sustenta Diogo de Figueiredo Moreira Neto na sua obra básica ao estudo do direito ambiental brasileiro: MOREIRA NETO, Diogo de Figueiredo. *Introdução do Direito Ecológico e ao Direito Urbanístico.* 2ª ed. Rio de Janeiro: Forense, 1977, p. 15.

rompendo o equilíbrio dos ecossistemas locais, regionais, nacionais ou internacionais. Qualquer alteração de uma parte, portanto, atinge o todo.

O ponto de equilíbrio para alcançar o meio ambiente sadio será determinado pela harmonia entre os componentes do ecossistema – em especial, entre o homem, os seres vivos e a natureza, com suas características físico-químicas. Todos os integrantes do ecossistema estão inter-relacionados e devem, portanto, conviver em harmonia, sob pena de romper ou de desequilibrar o ecossistema planetário. Conforme síntese bem elaborada por Luís Roberto Barroso,[25] o ecossistema é um sistema essencial para dar sustentação à vida, e é composto por um conjunto de partes em equilíbrio.

Para instituir e manter o direito fundamental ao ambiente ecologicamente equilibrado é imprescindível a efetividade da legislação ambiental e a participação do Poder Público. Ao Estado moderno cabe implementar a defesa dos recursos naturais, especialmente os não-renováveis, e intervir na economia, limitando o exercício das atividades humanas sobre esta em prol do bem-estar coletivo – obrigações expressamente reconhecidas desde 1972, pela Declaração de Estocolmo. Enfim, foi consolidada a idéia de um desenvolvimento econômico em harmonia com a defesa dos bens ambientais.

No ano de 1974, após a Declaração de Estocolmo, a Carta dos Direitos e Deveres Econômicos dos Estados das Nações Unidas – adequada aos novos rumos do ambientalismo e do direito ao ambiente como direito fundamental – alertava que, como bem analisa Antônio Augusto Cançado Trindade,[26] a defesa e a preservação dos recursos ambientais, para as presentes e futuras gerações, é de responsabilidade de todos os Estados (artigo 3º), por se tratar de um dever do Poder Público, e não de uma faculdade. Na linha destes entendimentos, no ano de 1980, a Assembléia Geral das Nações Unidas proclamou a responsabilidade dos Estados pela preservação do meio ambiente, ante a necessidade de proteger os sistemas de sustentabilidade da vida,

---

[25] "Ecossistema, como qualquer sistema, é um conjunto de partes harmonicamente articuladas. Consiste no conjunto de relacionamentos mútuos entre determinado meio ambiente e a flora, a fauna e os microorganismos que nele habitam, e que incluem fatores de equilíbrio geológico, atmosférico, meteorológico e biológico." BARROSO, Luís Roberto. *O Direito Constitucional e a Efetividade de suas normas. Limites e possibilidades da Constituição Brasileira.* 3ª. ed. Rio de Janeiro: Renovar, 1996, p. 265.

[26] TRINDADE, Antônio Augusto Cançado. *Op. cit.*, p. 43.

O Direito ao Meio Ambiente
ECOLOGICAMENTE EQUILIBRADO COMO DIREITO FUNDAMENTAL

ecossistemas ecologicamente equilibrados e de manter um ambiente sadio.[27]

Esses novos paradigmas levaram a humanidade a não mais considerar o meio ambiente ecologicamente equilibrado como uma questão local, mas sim de âmbito global ou planetário. Tal fato foi reconhecido expressamente pela Resolução n° 44/228, de 22 de dezembro de 1989, que convocou a Conferência das Nações Unidas sobre Meio Ambiente e Desenvolvimento em 1992. A resolução deixou claro que proteger e preservar o ambiente são fundamentais para o bem-estar e o desenvolvimento dos povos. Coerente com a evolução, o direito ao meio ambiente ecologicamente equilibrado, na qualidade de direito fundamental, aliou-se ao direito ao desenvolvimento.

A Conferência das Nações Unidas ou Cúpula da Terra – ECO 92 – congregou diplomatas, cientistas, a imprensa e representantes de organizações não-governamentais. Durante a conferência, foi solicitada a compatibilização entre o desenvolvimento humano, sobretudo o econômico, e o meio ambiente. Esta foi a razão para a criação de um novo conceito de desenvolvimento: o desenvolvimento sustentável, em um ambiente de poluição generalizada, queimadas e grandes desmatamentos – só para citar exemplos de processos degradadores em ascensão na época. Assim sendo, a realidade do problema reclama uma transformação não apenas teórica: a ECO 92 foi o ponto culminante do ambientalismo internacional com efeitos que não se esgotaram.

Com a representação oficial de 178 países e a participação maciça da sociedade civil organizada no mundo todo, no Fórum Global foi promovida também a reunião dos chefes de estado. Como resultado, a Declaração do Rio de Janeiro proclamou que os seres humanos estão no centro das preocupações do desenvolvimento sustentável; por isso, têm o direito a uma vida saudável e produtiva em harmonia com a natureza, protegida e preservada. Ainda que as políticas de desenvolvimento tenham sido acrescentadas às políticas ambientais, e o princípio da soberania nacional sobre os recursos naturais tenha sido reafirmado, ficou claro que há um consenso geral de que a biodiversidade é necessária não só no contexto das tradicionais formas de aplicação de capital, como também na representação de setores de intenso dinamismo econômico no processo de reciclagem do modo de produ-

---

[27] TRINDADE, Antônio Augusto Cançado. *Op. cit.*, p. 57.

ção capitalista nas últimas décadas – como a indústria de equipamentos antipoluição e o desenvolvimento de biotecnologia.

Ainda na Conferência do Rio de Janeiro de 1992, foram assinadas duas grandes e relevantes convenções: a Convenção sobre Biodiversidade e a Convenção sobre Mudanças Climatológicas. Porém, a convenção destinada à proteção de florestas não foi assinada. Conforme Geraldo Eulálio do Nascimento e Silva,[28] o Brasil e alguns outros países opuseram-se à convenção: segundo eles, era parcial. Nesta conferência, no dia 4 de junho de 1992, no Rio de Janeiro, também foi assinada a Convenção sobre a Mudança do Clima, ratificada pelo Brasil em 28 de fevereiro de 1994, conforme relata Geraldo Eulálio do Nascimento e Silva.[29] Para os países desenvolvidos, foi também estabelecida a redução de emissões no ano 2000 para os níveis de 1990. Conforme leciona Guido Fernando Silva Soares,[30] a Convenção sobre Mudança do Clima estabelece normas para reduzir o lançamento de todos os gases de efeito estufa responsáveis pela elevação da temperatura na Terra.

Marcando o final do milênio, a Convenção sobre Mudança do Clima constitui um marco importante para o direito internacional. Nela, autoridades de diversas nações admitiram que as atividades do homem, sobretudo as econômicas, causam conseqüências sérias ao meio ambiente: podem diminuir o tempo de vida no planeta, pois os recursos ambientais são escassos; podem tornar a existência no planeta

---

[28] "No decorrer da Conferência do Rio de Janeiro de 1992, duas convenções foram assinadas: a Convenção sobre Mudanças Climatológicas, destinada a combater o efeito estufa, e a Convenção sobre Biodiversidade. Uma outra convenção destinada à proteção das florestas foi posta de lado depois que o Brasil e alguns outros países se opuseram a que a mesma versasse exclusivamente sobre florestas úmidas e que tratasse de todos os tipos de florestas, inclusive as temperadas, mediterrâneas e borcais". SILVA, Geraldo Eulálio do Nascimento e. *Op.cit.*, p. 11.

[29] SILVA, Geraldo Eulálio do Nascimento e. *Op. cit.*, p. 160.

[30] "Assinada por 154 Estados e por uma organização internacional de integração econômica regional, a Comunidade Européia, a Convenção-Quadro sobre Mudança do Clima estabelece normas para reduzir o lançamento não só de dióxido de carbono na atmosfera, mas de todos os gases de efeito estufa (greenhouse gases), ainda não regulados pelo Protocolo de Montreal sobre Substâncias que Destroem a Camada de Ozônio, de 1990, responsáveis pela elevação da temperatura do clima terrestre (efeito estufa), com todo o repertório de medidas que a adoção de tal política implicará, a exemplo: redução de fontes poluentes, como emissões industriais e, sobretudo, emissão de veículos automotores (com a conseqüente adoção de restrições ao uso ou obrigatoriedade da introdução de filtros e outras práticas altamente custosas); por outro lado, a Convenção contém dispositivos específicos sobre a conservação e ampliação dos sumidouros (sinks) dos gases de carbono, que são os oceanos e as florestas, fato que tornou a Convenção polêmica no que respeita à adoção de uma política global, relativamente aos recursos florestais dos países". SOARES, Guido Fernando Silva. *Op. cit.*, p. 77.

O Direito ao Meio Ambiente
ECOLOGICAMENTE EQUILIBRADO COMO DIREITO FUNDAMENTAL

insuportável ante o desequilíbrio ambiental, mormente nas grandes cidades ou regiões metropolitanas. Conforme José Afonso da Silva[31] explica com muita clareza e em detalhes, o *efeito estufa* provém do desequilíbrio ambiental e provoca alteração das temperaturas no Planeta.

Aos países industrializados – por serem considerados potencialmente mais prejudiciais ao meio ambiente, pois geram maiores quantidades de gases poluentes – foram atribuídas pelo tratado de mudanças climáticas diferentes responsabilidades. Na verdade, estes países são beneficiados com acordos econômicos em função de políticas de desenvolvimento sem a observância de normas ambientais. Quanto à redução da emissão de gases, o Protocolo de Kioto estabelece compromissos mais rígidos para as nações desenvolvidas para o período pós-2000: a meta destes países era reduzir a emissão coletiva de gases efeito estufa em pelo menos 5% – se comparados aos níveis de 1990 – para o período entre os anos 2008/2012.

Também determina que incumbe aos países cooperar mutuamente para melhorar as formas de captação de energia. Isto é, devem buscar novas tecnologias e implementá-las nos meios de utilização de fontes energéticas renováveis, obviamente menos poluentes e menos prejudiciais ao meio ambiente e ao homem. Além disso, os países devem proteger as florestas nativas e reduzir as emissões de metano no gerenciamento de resíduos e dos sistemas energéticos, com a finalidade de preservar os recursos ambientais e minimizar os impactos negativos no ecossistema.

Na Cúpula da Terra, entre outros acordos, foi instituída a Agenda 21 – um programa único, na época, destinado não só a tratar de ações ambientais e de desenvolvimento, como também a implementar um cooperativismo internacional na busca de políticas para o século XXI. Esta agenda procurou auxiliar os Estados na procura de soluções

---

[31] "O 'efeito estufa' provém do desequilíbrio radioativo da Terra, que provoca alteração das temperaturas atmosféricas e oceânicas e, assim, do ciclo hidrológico. O processo que leva a isso é, em síntese, o seguinte: a radiação solar é absorvida de maneira natural pela superfície da Terra e redistribuída pela circulação atmosférica e oceânica, para depois ser radiada para o espaço; a energia solar que chega à Terra é equilibrada pela radiação terrestre que sai; qualquer fator que venha a alterar esse processo, ou, mesmo, a redistribuição da energia dentro da atmosfera e na relação atmosfera/Terra/oceanos, pode afetar o clima. É aí que entra o efeito da concentração de gases que agravam as propriedades radioativas e suas concentrações já existentes na atmosfera, provocando o aumento do aquecimento total". SILVA, José Afonso da. *Direito Constitucional Ambiental*. São Paulo: Malheiros, 2002, p. 66-67.

para o problema da mudança climática, da poluição, do desmatamento de florestas, do efeito estufa, da gestão de recursos naturais, da desertificação, entre muitos outros perigos que assolam a humanidade e tanto preocupam a comunidade ambiental.

Contudo, por causa da escassa implementação de políticas públicas e privadas para a efetiva defesa ambiental, esta agenda está sendo pouco utilizada, inclusive no Brasil. Depois de dez anos, ainda não podem ser registrados significativos avanços na área de defesa ambiental. Pelo contrário, os danos causados pelo efeito estufa, pela poluição e pela destruição das florestas, só para citarmos alguns exemplos, são assustadores e não possuem precedentes na história da civilização.

Restou demonstrado, em nível internacional, que o campo de influência do direito ambiental é abrangente. A cada dia, novas preocupações surgem, decorrentes do caos a que foi conduzida a Terra. Com isso, comprometendo a qualidade de vida, com um perigoso distanciamento com o planeta, conforme disserta Fernanda Luiza Fontoura de Medeiros[32] na introdução ao tema Direito e Ambiente. Como resultado da emissão de gases de fábricas, de usinas termelétricas e de escapamento de automóveis, surge uma nuvem de poluentes, que se estende do Japão ao Afeganistão, no sentido leste-oeste; da China à Indonésia, no sentido norte-sul, onde lamentavelmente habita um quinto da população do planeta Terra.[33] Esta nuvem provoca uma alteração calamitosa na agricultura; supõe-se que quinhentos mil indivíduos venham a morrer na Índia, em decorrência de problemas respiratórios ocasionados pelos gases tóxicos produzidos pela poluição.

Criada pela Assembléia Geral das Nações Unidas em 1983, a Comissão Mundial sobre Meio Ambiente e Desenvolvimento classificou os principais problemas ambientais em três grupos. O primeiro trata de questões relacionadas à poluição ambiental. O segundo, de assuntos ligados aos recursos naturais. É importante não esquecer que o princípio da escassez rege a economia e interage com o direito

---

[32] "Vivemos em um período de intensos contrastes no desenvolvimento econômico-político-social da humanidade. Ao mesmo tempo em que a economia mundial aprimora-se para além do industrial, e a sociedade deslumbra-se com as habilidades de nossa civilização para as grandiosas descobertas técnico-científicas, paradoxalmente nos distanciamos, cada vez mais, da intimidade com o planeta em que vivemos." MEDEIROS, Fernanda Luiza Fontoura de. *Op.cit.*, p. 15.

[33] TEICH, Daniel Hessel. *A Terra pede socorro. Revista Veja.* Ano 35, edição 1765, nº 33, agosto de 2002, p. 80-87.

ambiental: ambos integram o desenvolvimento sustentável e tratam de recursos limitados e de necessidades humanas aparentemente ilimitadas. O terceiro versa sobre questões sociais ligadas à pessoa humana – como o uso da terra e a sua ocupação; abrigo; suprimento de água; serviços sanitários, sociais e educativos; e administração do crescimento urbano acelerado. Conforme Maria Alexandra de Sousa Aragão,[34] os bens escassos geram conflitos de interesses e, como solução, exigem a compatibilização ou harmonização dos interesses em conflito.

Porém, a proposta para a harmonização não é tão simples: parte da humanidade tem outros interesses além do cuidado com o meio ambiente. Por exemplo, a pressão econômica atua no meio ambiente e está geralmente associada a fatores sociais. Isso pôde ser verificado nos debates durante a ECO 92, em que foi revelada uma grande divergência de opiniões e de interesses entre os países participantes: houve claramente uma divisão entre os que detêm as fontes de recursos naturais, e os que detêm o poder da economia mundial. Como resultado desses debates, prevaleceu entre os Estados a idéia de defesa ambiental – que favorece não só os países ricos como também os pobres, onde está abrigada a maior biodiversidade de espécies do ecossistema, pois os problemas relativos à degradação ambiental afetam todas as nações. Como resultado da conscientização deste problema ocorreram movimentos supranacionais na busca de um ambiente saudável. Conforme Fernanda Luiza Fontoura de Medeiros,[35] tais ações fazem parte de um *despertar* para o problema nos planos interno e externo.

---

[34] "Os bens ditos económicos são bens que sendo aptos a satisfazer necessidades, se caracterizam pela escassez. Possuem três características essenciais: são úteis, escassos e acessíveis. Na sua maioria, os bens interessantes para o Homem são bens escassos, isto é, bens económicos. São, por isso, bens tipicamente geradores de conflitos de interesses, exigindo uma compatibilização ou hierarquização dos interesses conflitantes, que pode ser espontânea ou autoritária." ARAGÃO, Maria Alexandra de Sousa. *O Princípio do Poluidor Pagador*. Coimbra: Coimbra Editora, 1997, p. 22.

[35] "Os problemas relativos à destruição do meio ambiente afetam todas as nações, não estando vinculados a fronteiras, nacionalidades ou jurisdição. E a representação dessa unidade mundial na busca por um ambiente saudável resulta na ocorrência de movimentos supranacionais como, por exemplo, a Conferência de Estocolmo, em 1972, e a Conferência do Rio, a ECO 92, que despertam a 'aldeia global' para o perigo da destruição ambiental e unem a humanidade para reverter a degradação do ambiente em que vivemos, antes que seja tarde demais. Faz parte desse 'despertar' para o problema o estabelecimento, nos planos interno e externo, de normas jurídicas que busquem assegurar a proteção do meio ambiente, revelando, dessa forma, uma construção contínua de uma teoria e prática jurídica da proteção ambiental, a qual enfocamos pelo prisma jurídico-constitucional." MEDEIROS, Fernanda Luiza Fontoura de. *Op.cit.*, p. 31.

Ou seja, as nações conscientizaram-se de que devem respeitar e preservar os sistemas ecológicos, não obstante a finalidade última seja a própria conservação do homem. Na medida em que o próprio direito ambiental evolui e harmoniza-se com a economia, vai sendo fortalecido o direito ao meio ambiente ecologicamente equilibrado na qualidade de direito fundamental da humanidade. Conforme explicita Geraldo Eulálio do Nascimento e Silva,[36] o direito ao ambiente encontra-se protegido por relevantes textos internacionais. Para o autor, o direito do ser humano a um ambiente sadio foi reconhecido pela Comissão Mundial sobre Meio Ambiente e Desenvolvimento.

Em nível internacional, a defesa do meio ambiente foi fundamentada na instrumentalização ou na efetivação do direito à vida – vida humana, dependente direta da natureza. Sobre a implementação do direito ao meio ambiente ecologicamente equilibrado, Ricardo Luis Lorenzetti,[37] professor titular em direito civil na Universidade de Buenos Aires, asseverou com muita propriedade que o direito ambiental é fruto de uma atitude de conscientização. Em termos mais gerais, poder-se-ia dizer que o efeito desta conscientização é um novo conceito de desenvolvimento e de meio ambiente: o direito passa a estar associado ao compromisso com um direito ao ambiente sadio como direito fundamental, sem descurar do desenvolvimento econômico.

O vínculo do direito com a qualidade de vida implica a obrigação de que sejam adotadas medidas ou construídas obras para restaurar o equilíbrio em áreas já esgotadas ou em fase de esgotamento pela de-

---

[36] "O artigo XXV da Declaração Universal dos Direitos do Homem já reconhecia, em 1946, que 'toda pessoa tem direito a um padrão de vida capaz de assegurar a si e à sua família a saúde o bem-estar, inclusive alimentação, vestuário, habitação, cuidados médicos e os serviços sociais indispensáveis'." SILVA, Geraldo Eulálio do Nascimento e. *Op. cit.,* p. 125.

[37] "Em toda a literatura ambientalista, nota-se uma questão central: a consciência de que excedemos os limites. A atividade transformadora do homem tem sido muito produtiva e benéfica, enquanto não colocou em situação de risco o funcionamento global da natureza e do planeta. Trata-se então de manter o benefício entre certos parâmetros, que não resultem danosos. Estes limites são traçados em um diálogo entre as ciências, que tratam de descobrir quais são as leis fundamentais da natureza, aquelas sem as quais não pode funcionar. O Direito recepta essas leis fundamentais, e lhes dá conteúdo normativo jusfundamental. De igual forma aconteceu em outros períodos históricos com as disposições fundamentais para a ordem política ou social, ao serem incorporadas nas Constituições. O direito a um meio ambiente sadio é um aspecto do problema. O mais relevante deve acontecer no campo das regras institucionais, que são aquelas que definem o território do proibido e o permitido no jogo social e aquelas que especificam a forma de ser dos princípios gerais. Neste plano é onde devem compatibilizar-se as leis fundamentais da natureza com as do Direito." LORENZETTI, Ricardo Luis. *Fundamentos do Direito Privado.* FRADERA, Vera Maria de Jacob (trad.). São Paulo: Revista dos Tribunais, 1998, p. 563.

gradação produzida por séculos de intervenção humana nos ecossistemas. Não há como dissociar o cuidado com a vida com o zelo pela qualidade ambiental, numa relação direta entre direitos humanos e proteção ambiental. Apesar desta conscientização, a legislação ambiental internacional ainda não foi efetivada entre os povos – e, no Brasil, a constitucionalização de seus princípios foi apenas o ponto de partida para este novo ramo do direito.

O último grande evento, em questões ambientais de âmbito internacional, congregando representantes de 188 países, foi realizado entre os dias vinte e seis de agosto e quatro de setembro do ano 2002 – Cúpula Mundial sobre Desenvolvimento Sustentável, também denominada e conhecida como Rio +10, realizada pela Organização das Nações Unidas, em Johannesburgo, África do Sul. Este encontro reuniu líderes mundiais, cidadãos interessados, agências das Nações Unidas, instituições financeiras globais, entre outros, para discutir o desenvolvimento sustentável e para avaliar o que mudou desde a ECO 92. É evidente que, a partir deste encontro, passaram a serem elaboradas metas para um desenvolvimento sustentável, em harmonia com as leis naturais do ambiente físico.

Na África, um dos objetivos foi o de manter os acordos feitos no Rio de Janeiro em 1992. Sobretudo, o encontro visou evitar uma situação de retrocesso – desenvolvimento econômico em detrimento da defesa da qualidade do meio ambiente. Outra questão discutida foi a da exclusão social. Alguns representantes de países pobres sustentaram que, para haver desenvolvimento econômico, o meio ambiente deverá ser sacrificado. Isto é, para alguns países pobres, desenvolvimento implica necessariamente poluição. Contudo, deve ser considerado que o desenvolvimento sustentável é composto por três elementos: o social, o econômico e o ambiental.

Mais especificamente, o desenvolvimento deve ser fator de melhoria da qualidade de vida das populações num ambiente ecologicamente equilibrado, no qual o uso dos bens ambientais deverá estar em harmonia com as atividades econômicas no rumo do desenvolvimento sustentável e na busca da melhoria das condições sociais das populações. Em última análise, portanto, pode-se dizer que desenvolvimento não resulta obrigatoriamente em degradação ambiental, se forem observadas as medidas para a proteção ambiental e construídas obras mitigadoras dos danos ambientais – por exemplo, obras de proteção da fauna (refúgios) e reflorestamentos com árvores nativas.

Também se debateu que o destino final dos bens de natureza ambiental é o uso sustentável em benefício da coletividade – sem, contudo, descurar da garantia permanente do direito de propriedade individual, assegurado ao indivíduo pelo Estado. Plauto Faraco de Azevedo[38] explica o desenvolvimento sustentável como utilização racional do meio ambiente. Como objeto deste desenvolvimento, deve prevalecer o interesse das presentes e futuras gerações, destinatárias do direito ao meio ambiente ecologicamente equilibrado.

2.2. No Direito Ambiental constitucional estrangeiro

Sobre as legislações fundamentais dos povos serão feitas apenas breves referências; porém, serão suficientes para mostrar a convergência ao reconhecimento pelo direito constitucional do direito ao meio ambiente ecologicamente equilibrado. Embora a evolução e a implementação das normas de defesa no direito ambiental constitucional comparado sejam também temas que exigem uma profunda investigação, tal ramo do direito será tratado apenas parcialmente, ou seja, para demonstrar que o direito ao meio ambiente ecologicamente equilibrado – direito fundamental – possui tendência universal.

As constituições em vigor vindas dos séculos XVIII e XIX, a exemplo da norte-americana, asseguraram direitos relativos à liberdade dos indivíduos. Como produto das revoluções liberais do final do século XVIII, e na medida em que o movimento constitucionalista é influenciado pela ideologia do bem-estar social, os direitos fundamentais são incorporados aos textos constitucionais. As garantias apareceram como liberdades em defesa da autonomia dos indivíduos diante do Poder do Estado. O direito ao meio ambiente ecologicamente equilibrado foi construído como essencial à própria vida.

De acordo com José Afonso da Silva,[39] as constituições mais modernas incluem em seus textos dispositivos relativos à defesa dos bens ambientais. Em 1976, conforme expõe o referido autor, a Cons-

---

[38] AZEVEDO, Plauto Faraco de. *Op.cit.*, p. 137.
[39] SILVA, José Afonso da. *Op. cit.*, p. 34.

tituição de Portugal[40] [41] apresentou corretamente o tema, correlaciona-do-o com o direito à vida – o que guarda estreito vínculo com a Constituição do Brasil, pois assegura o meio ambiente ecologicamente equilibrado como garantia da vida em qualquer de suas formas. As constituições do século XX prevêem direitos, liberdades, garantias econômicas, sociais e culturais.

Segundo constatou José Afonso da Silva,[42] a preocupação com o meio ambiente e o combate à degradação fez inserir na Constituição da da República Federal da Alemanha de 1949 normas de cunho ambiental, tais como proteção de sementes e de plantas agrícolas e florestais, combate à poluição e luta contra os ruídos. Também atribuiu função social à propriedade,[43] ao impor-lhe o dever de servir ao interesse público. José Afonso da Silva afirma que a Suíça,[44] desde o ano de 1957, vem fazendo emendas à Constituição de 1874 para inserir normas de defesa ambiental, especialmente quanto à defesa dos recursos

---

[40] "Artigo 66º (Ambiente e qualidade de vida). 1. Todos têm direito a um ambiente de vida humano, sadio e ecologicamente equilibrado e o dever de o defender." MIRANDA, Jorge; SILVA, Jorge Pereira da. *Constituição da República Portuguesa.* 2ª ed. S. João do Estoril, Cascais:, PRINCIPIA, Edições Universitárias e Científicas, 2000, p. 73.

[41] "Artigo 9º. (Tarefas Fundamentais do Estado)
São tarefas fundamentais do Estado:
(...)
d) Promover o bem-estar e a qualidade de vida do povo e a igualdade real entre os portugueses, bem como a efetivação dos direitos económicos, sociais, culturais e ambientais, mediante a transformação e modernização das estruturas económicas e sociais;
e) Proteger e valorizar o património cultural do povo português, defender a natureza e o ambiente, preservar os recursos naturais e assegurar um correto ordenamento do território". MIRANDA, Jorge; SILVA, Jorge Pereira da. *Op. cit.*, p. 45/46.

[42] "É certo que mesmo nestas últimas eras, já, um sinal de preocupação ecológica consignar regras de combate a formas de degradação, como fizera a Constituição da República Federal da Alemanha, de 1949, ao declarar que a legislação concorrente entre a União (Bund) e os Estados (Länder) abrange 'a proteção do comércio de produtos alimentares e estimulantes, assim como de artigos de consumo, forragens, sementes e plantas agrícolas e florestais, a proteção de plantas contra enfermidades e pragas, assim como a proteção de animais' e, também, a 'eliminação do lixo, combate à poluição e luta contra o ruído' (art. 74, 20º e 24º) , e que a União tem o direito de determinar normas gerais sobre a caça, a proteção da Natureza e a estética da paisagem (art. 75, 3º)." SILVA, José Afonso da. *Op.cit.*, p. 43.

[43] "Artículo 14.
2. La propiedad crea obligaciones. Su uso debe servir asimismo al interés público." VÉLEZ, Maria Isabel Álvarez; YUSTAS, Maria Fuencisla Alcón. *Las Constituciones de los Quince Estados de La Unión Europea – Textos y Comentarios.* Madrid: Dykinson, 1996, p. 26.

[44] "A Suíça desde 1957 vem emendando sua Constituição (que é de 1874), visando a estabelecer normas de proteção ambiental, sem embargo de que o seu art. 24 já dispusesse sobre a proteção das florestas, especialmente nas regiões em que cursos d'água tenham nascentes. Mas foi uma Emenda Constitucional de 1957 que iniciou a série de dispositivos voltados, deliberadamente, para a proteção de recursos ambientais." SILVA, José Afonso da. *Op.cit.*, p. 44.

naturais,[45] e também para instituir sua polícia ambiental. Com esses exemplos, conforme Manoel Gonçalves Ferreira Filho,[46] é possível

---

[45] Artigos 24 e 24 bis, da Constituição Federal da Confederação Suíça de 29 de maio de 1874, com as reformas introduzidas em 9 de junho de 1988.
"Art. 24. 1. La Confederación tiene el derecho de alta vigilância sobre la policía de embalses y bosques.
2. Concurrirá a la corrección y embalse de los torrentes, así como a la repoblación forestal de las regiones que sean sus fuentes. Decretará las medidas necesarias para asegurar el mantenimiento de estas obras y conservación de los bosques existentes.
Art. 24 bis. 1. Para asegurar una utilización racional y la protección de los recursos hidráulicos, así como para luchar contra la acción perjudicial del agua, la Confederación, habida cuenta del conjunto de – la economía de las aguas dicta, por via legislativa, principios que respondam al interás general sobre:
a) la conservación de las aguas y su ordenación, en particular para el aprovisionamento en agua potable, así como el enriquecimiento de las aguas subterráneas;
b) la utilización de las aguas para producción de energia y para el enfriamiento;
c) la regularización de los niveles y de los caudales de agua de superficie y subterráneos, las derivaciones de agua fuera del curso natural, las irrigaciones y los drenajes, así como otras intervenciones en el ciclo del agua;
2. A estos mismos fines, la Confederación dicta disposiones sobre:
a) la protección de las aguas de superficie y subterráneas contra la impureza y contaminación y el mantenimiento de caudales mínimos convenientes;
b) la policía de los embalses, inclusive las correcciones de agua y la seguridad de las represas;
c) las intervenciones que tienden a influir sobre las precipitaciones atmosféricas;
d) la investigación y el aprovechamiento de datos hidrológicos;
e) el derecho que tiene la Confederación de requerir los recursos em agua, necesarios a sus empresas de transporte y comucicaciones, mediante pago de los derechos o censos y una justa compensación por los inconvenientes.
3. Bajo reserva de los derechos privados, corresponde a los cantones o a los titulares que designe la legislación cantonal disponer de los recursos de agua y percibir derechos o censos por su utilización. Los cantones fijan los derechos o censos, dentro de los límites fijados por la legislación federal.
4. Si la concesión o el ejercicio de derechos de agua atañe a las relaciones internacionales, la Confederación estatuye, con la cooperación de los cantones interesados. Lo mismo ocurre en las relaciones intercantonales, cuando los cantones interesados no llegam a entender-se. En las relaciones internacionales, la Confederación fija los derechos o censos, después de escuchar a los cantones interesados.
5. La ejecución de las prescripciones federales incumbe a los cantones, salvo que la ley la reserve a la Confederación.
6. En el ejercicio de sus competencias, la Confederación tiene en cuenta las necesidades y salvaguarda las posibilidades de desarollo de las regiones de donde proceden las aguas y de los cantones en cuestión.
(...)
Art. 24 septies. 1. La Confederación legisla sobre la protección del hombre y de su medio natural contra los ataques perjudiciales o incómodos que le sean manifestados. En particular, la Confederación combate el ruido y la contaminación del aire".
CASTRO, José Luis Cascajo; ALVAREZ, Manuel García. *Constituciones Extranjeras Contemporáneas*. 2ª ed. Madrid: Editorial Tecnos, 1991, p. 94/95.

[46] "Na Declaração do Rio de Janeiro, de 1992, formulação é mais sutil. Lê-se no princípio I: 'Os seres humanos estão no centro das preocupações com o desenvolvimento sustentável. Têm direito a uma vida saudável e produtiva, em harmonia com a natureza'. No plano do direito interno, já está ele na Constituição Iugoslava de 1974, art. 192: 'O homem tem direito a um meio

---

O Direito ao Meio Ambiente
ECOLOGICAMENTE EQUILIBRADO COMO DIREITO FUNDAMENTAL

concluir que, dentre os direitos de terceira geração, o mais elaborado é o direito ao meio ambiente. Para exemplificar, o autor cita a Declaração de Estocolmo como o grande marco na evolução do Direito; a Declaração do Rio de Janeiro de 1992; e a Constituição Grega de 1975 que, em seu art. 24,[47] dispõe sobre a proteção ambiental.

Paulo de Castro Rangel,[48] da Universidade Católica Portuguesa (Centro Regional do Porto), com evidente acerto, salienta que a proteção ao meio ambiente e melhoria na qualidade de vida já foram erigidas em uma Constituição do Ambiente. É evidente que este autor, ao fazer estas afirmações, lembrou dos artigos 9º[49] e 66º[50] da Constituição de Portugal de 1976, previamente citados na íntegra. Na esteira da lição de Paulo Castro Rangel,[51] o direito ambiental, eminentemente

---

ambiente sadio. A comunidade social assegura as condições necessárias ao exercício deste direito'. Por sua vez, a Constituição grega de 1975, art. 24, I, afirma: 'A proteção do meio ambiente natural e cultural constitui uma obrigação do Estado. O Estado deve tomar medidas especiais, preventivas ou repressivas, no propósito de sua conservação'." FERREIRA FILHO, Manoel Gonçalves. *Direitos Humanos Fundamentais*. 2ª ed. São Paulo: Saraiva, 1988, p. 62.

[47] "Artículo 24. 1. La protección del entorno natural y cultural constituye una obligación del Estado. Para su salvaguardia, el Estado está obligado a adoptar medidas especiales, preventivas o represivas. La ley regulará las materias relativas a la protección de los bosques y de los espacios forestales en general. Está prohibida la modificación de la afectación de los bosques y espacios forestales demaniales, a menos que su explotación agrícola u otro uso, impuesto por el interés público, no sea prioritario para la economía nacional.
(...)
6. Los monumentos, y los lugares y elementos históricos están bajo la protección del Estado. La ley determinará las medidas restrictivas de la propriedad, necesarias para la realización de esta protección, así como las modalidades y la naturaleza de la indemnización a los propietarios afectados".
VÉLEZ, Maria Isabel Álvarez; YUSTAS, Maria Fuencisla Alcón. *Op.cit.*, p. 339.

[48] RANGEL, Paulo de Castro. *Concertação, Programação e Direito do Ambiente*. Coimbra: Coimbra Editora, 1994, p. 23.

[49] "Artigo 9º
São tarefas fundamentais do estado:
(...)
d) Promover o bem-estar e a qualidade de vida do povo e a igualdade real entre os portugueses, bem como a efectivação dos direitos económicos, sociais, culturais e ambientais, mediante a transformação e modernização das estruturas económicas e sociais;
e) Proteger e valorizar o patrimônio cultural do povo portugues, defender a natureza e o ambiente, preservar os recursos naturais e assegurar um correcto ordenamento do território; ... ".
MIRANDA, Jorge; SILVA, Jorge Pereira da. *Constituição da República Portuguesa*. S. João do Estoril, Cascais: PRINCIPIA, Edições Universitárias e Científicas, 2000, p. 45-46.

[50] "A CRP começa por reconhecer, no art. 66º, o direito ao ambiente e à qualidade de vida como um direito fundamental. Apesar de incluído no catálogo dos direitos sociais, o direito ao ambiente pode, desde logo, numa de suas vertentes, ser configurado como um direito de natureza análogo aos direitos, liberdades e garantias (art. 17º)." RANGEL, Paulo de Castro. Op.cit., p. 24.

[51] RANGEL, Paulo de Castro. *Op.cit.*, p. 24.

direito público, passou para a esfera dos direitos sociais. Ao examinar a Constituição de Portugal nos dispositivos referentes ao meio ambiente, defende a idéia do direito ao ambiente como um direito social.

Jorge Miranda[52] destacou que a Constituição portuguesa foi a primeira a constitucionalizar a defesa do meio ambiente;[53] no art. 223, V, 2ª parte da Constituição de 1822, foi atribuído às câmaras municipais promover a plantação de árvores nos terrenos baldios e nas terras dos conselhos. Apenas nos projetos constitucionais e nos debates constituintes de 1975-1976, a problemática do ambiente entraria plenamente no direito constitucional português. Além da Constituição de Portugal, também a Constituição da União das Repúblicas Socialistas Soviéticas,[54] de 7 de outubro de 1977, dispôs sobre o dever de cuidar do meio ambiente natural e cultural e de proteger o patrimônio ambiental.

Conforme refere Ricardo Luis Lorenzetti,[55] a Constituição da Argentina, em seu artigo 41, considera objeto de proteção o patrimônio natural (meio ambiente natural) e o cultural (meio ambiente cultural). Na segunda parte do artigo citado, qualifica o meio ambiente como bem de uso comum e gerador de um direito fundamental. Ao tratar da Legislação Ambiental Brasil-Argentina, com muita propriedade João Marcos Adede y Castro[56] resume o texto da Lei Maior daquele país.

---

[52] MIRANDA, Jorge. *Manual de Direito Constitucional – Tomo IV.* Coimbra: Coimbra Editora, 1988, p. 472.

[53] "Artigo 223º.
Às Câmaras pertencem as atribuições seguintes:
(...)
V – Tratar das obras particulares dos concelhos e do reparo das públicas; e promover a plantação de árvores nos baldios e nas terras do concelhos;"
MIRANDA, Jorge. *As Constituições Portuguesas.* Lisboa: Livraria Petrony, 1981, p. 71-72.

[54] "Art. 67. Los ciudadanos de la URSS están obligados a cuidar la naturaleza e proteger sus riquezas.
Art. 68. La preocupación por el mantenimiento de los monumentos históricos y otros valores culturales es deber y obligación de los ciudadanos de la URSS."
CASTRO, José Luiz Cascajo. ALVAREZ, Manuel García. *Op.cit.*, p. 267.

[55] LORENZETTI, Ricardo Luis. *Op.cit.*, p. 568.

[56] "O primeiro, de número 42, diz que o direito ao meio ambiente são é garantia de todos os cidadãos, de forma a permitir um desenvolvimento humano e econômico equilibrado, gerando o dano ambiental obrigação de recompor, na forma da lei. Determina que as autoridades devem tomar providências para a utilização racional dos recursos naturais, a preservação do patrimônio natural e da diversidade biológica, cabendo à nação e às províncias, estas de forma complementar, estabelecer regras que contenham pressupostos mínimos de proteção." CASTRO, João Marcos Adede y. *Legislação Ambiental Brasil-Argentina.* Revista do Ministério Público, Rio Grande do Sul, nº 43. Porto Alegre: 2000, p. 214.

Para o autor, a Carta de 1994 foi movida também pelo interesse de promover o bem-estar geral; para tanto, dedica os artigos 41[57] e 42[58] ao meio ambiente. Na Constituição da Espanha de 1978, o direito ao meio ambiente adequado é assim retratado: "Todos têm direito de desfrutar de um meio ambiente adequado para o desenvolvimento da pessoa (...)".[59]

Nesses países, o direito ao meio ambiente está consagrado no texto das constituições em cumprimento ou em harmonia com tratados internacionais – principalmente em harmonia com a carta elaborada pela Conferência Internacional de Meio Ambiente, realizada em Estocolmo no ano de 1972 –, que elencou os princípios e objetivos de proteção ambiental. Seria, em termos mais simples, uma tendência a colocar o direito ao meio ambiente sadio nas constituições dos mais diversos países (exceto nas constituições de países de regime socialista, que possuíam uma visão social muito mais proeminente dos direitos, em razão de seu próprio regime político).

Nas legislações fundamentais citadas, a constitucionalização da defesa do meio ambiente ecologicamente equilibrado implica a idéia de um compromisso do retorno do homem à condição de parceiro da natureza, colhendo dela apenas o suficiente para sobrevivência, e de modo sustentável, isto é, respeitando sua capacidade para manter o equilíbrio ou sua potencialidade de regeneração. Na realidade, está

---

[57] "Art. 41. Todos los habitantes gozan del derecho a un ambiente sano, equilibrado, apto para el desarollo humano y para que las actividades productivas satisfagan las necessidades presentes sin comprometer las de las generacions futuras; y tienen el deber de preservalo. El daño ambiental generará prioritariamente la obligación de recompor, según lo estableza la ley.
Las autoridades proveerán a la protección de este derecho, a la utilización racional de los recuros naturales, a la preservación del patrimonio natural y cultural y de la diversidad biológica, y a la información y educación ambientales."

[58] "Art. 42. Los consumidores y usuários de bienes y servicios tienen derecho, em la relación de consumo, a la proteción de su salud, seguridad e intereses económicos; a una información adecuada y veraz; a la libertad de elección y a condiciones de trato equitativo y digno.
Las autoridades proveerán a la protección de esos derechos, a la educación para el consumo, a la defensa de la competencia contra toda forma de distorsión de los mercados, al control de los monopolios naturales y legales, al de la calidad y eficiencia de los servicios públicos, y a la constitución de asociaciones de consumidores y de usuarios."

[59] "Artículo 45
1. Todos tienem el derecho a disfrutar de un medio ambiente adecuado para el desarrollo de la persona, así como el deber de conservarlo.
2. "Los poderes públicos velarán por la utilización racional de todos los recursos naturales, con el fin de proteger y mejorar la calidad de la vida y defender y restaurar el medio ambiente, apoyándo-se en la indispensable solidaridad colectiva."
VÉLEZ, Maria Isabel Álvarez; YUSTAS, Maria Fuencisla Alcón. *Op.cit.*, p. 220.

sendo buscada uma mudança de cultura ou um pacto com a natureza: o homem deve respeitá-la. Em vez de utilizar os recursos de forma predadora e irresponsável, agiria de acordo com a capacidade de regeneração dos recursos naturais e de acordo com as leis da natureza, na expressão de Guido Fernando Silva Soares.[60] Em síntese, deve-se buscar o crescimento sustentável sem inflacionar o meio ambiente, de cuja qualidade e harmonia depende a humanidade para a continuidade da vida e do desenvolvimento econômico.

Assim, vistos os textos constitucionais citados, na evolução dos institutos jurídicos não é difícil perceber que são definidos princípios e normas acerca de temas antes reservados ao direito privado, tais como o direito de propriedade, o uso adequado da propriedade em relação aos vizinhos, e as funções social e ambiental da propriedade. Desbordando do direito individual de propriedade, na evolução constitucional dos institutos, os países inseriram em textos fundamentais, norma para a efetiva defesa ambiental e geração de impactos positivos, essenciais à formação de poupança de recursos naturais.

2.3. Na legislação infraconstitucional brasileira

No Brasil, as primeiras normas civis e administrativas de natureza ambiental, que também impunham sanções de natureza penal, foram importadas de Portugal – país que já havia editado leis para defender alguns recursos ambientais e que protegia estes bens por razões de ordem econômica ditada pela escassez dos bens, especialmente os não-renováveis tais como o petróleo, florestas, etc. Conforme a autora Ann Helen Wainer,[61] em 9 de novembro do ano de 1326, a Ordenação desta data protegia as aves e, para efeitos penais, equiparava a caça ao

---

[60] "Os fenômenos do mundo material têm suas leis, as denominadas leis da natureza, entendidas como a expressão das relações necessárias existentes entre os fatos observados, que o homem desvenda, expressa, e com elas interage; devem ser aquelas leis formuladas de maneira mais fiel à realidade a ser descrita, segundo os procedimentos de observação e de experimentação de que se disponham, no momento histórico em que foram desvendadas". SOARES, Guido Fernando Silva. *Op.cit.*, p. 19.

[61] "Em relação aos animais, a preocupação com as aves era ainda mais antiga, tendo originado uma previsão instituída pelo rei D. Diniz, em 9 de novembro de 1326, compilada posteriormente no livro V, sob o título LIII, das referidas ordenações, onde equiparava o furto das aves para efeitos criminais a qualquer outra espécie de furto". WAINER, Ann Helen. *Legislação Ambiental Brasileira*. 2ª ed. Rio de Janeiro: Forense, 1999, p. 5.

furto. Expõe a autora[62] que o corte deliberado das árvores frutíferas foi proibido em 12 de março de 1393. Como se não bastasse a vedação, a Ordenação tipificou o corte de árvores de fruto como crime de injúria ao rei, ante a preocupação dos portugueses com a proteção das florestas – afinal, a madeira foi fundamental à construção naval e à expansão portuguesa.

Tais medidas protecionistas foram compiladas nas Ordenações Afonsinas e introduzidas no Brasil. Face à vigência da legislação ambiental portuguesa, o período colonial no Brasil é considerado como o embrionário de nosso direito ambiental, embora as normas fossem de natureza econômica. Hoje são também de cunho ambientalista, forte na preocupação com a natureza, pois os bens ambientais passaram a ser definidos como de uso comum do povo e essenciais à sadia qualidade de vida, em um ambiente ecologicamente equilibrado.

A primeira lei florestal brasileira, "Regimento sobre o Pau-Brasil", trouxe minuciosas regras acerca do corte e da exploração da madeira, criando tipos de crimes e a suas respectivas sanções. Segundo Ann Helen Wainer,[63] os legisladores portugueses alegaram, no preâmbulo do denominado "Regimento Novo das Madeiras para a Ilha da Madeira", que a defesa da madeira era necessária por ser *be commu* dos moradores da ilha, similar ao que atualmente compõe o artigo 225 da Constituição Federal Brasileira em vigor.

Quanto à legislação protetiva das florestas, em 8 de maio do ano de 1773, por meio de uma carta régia, D. Maria I ordenou ao Vice-Rei do Estado do Brasil cuidado especial com as árvores cortadas nas matas. Por razões econômicas, visando em especial à proteção do pau-brasil como propriedade real, foi assinada a primeira Carta Régia sobre a conservação das florestas, contendo regras que visavam à proteção destes recursos, em razão da escassez de madeiras para o desenvolvimento da indústria – em especial a naval, essencial à expansão portuguesa e ao domínio dos mares.

D. Maria I, em 13 de março de 1797, expediu ao Capitão do Rio Grande de São Pedro uma preciosa carta, entre outras expedidas aos governadores das Capitanias, ordenando cuidado na preservação das

---

[62] "Ordenação determinada pelo rei D. Afonso IV, em 12 de março do ano de 1393, posteriormente compilada no Livro V, Título LVIII, Ordenações Afonsinas". WAINER, Ann Helen. *Op.cit.*, p. 5.
[63] WAINER, Ann Helen. *Op.cit.*, p. 24.

matas e dos arvoredos localizados perto dos mares e nas margens dos rios – e, em especial, também do pau-brasil. Já naquela época a legislação por meio de normas para a preservação de matas em propriedades demarcadas impunha sanções ao seu descumprimento, conforme Ann Helen Wainer.[64]

Esses foram motivos suficientes para que a Coroa limitasse o direito dos proprietários em prol do bem público, impedindo que cortassem árvores nesses terrenos, além de ser vedada a concessão de novas sesmarias como forma de preservação dos recursos naturais. Igualmente, estabeleceu um sistema de intensa fiscalização. Com intuito de conservar as matas, o juiz conservador assumia na época dupla função: a função policial, buscando evitar o descaminho de madeiras, e a função judicante, aplicando multas e determinando a prisão de infratores.

Em 1808, Dom João VI fundou o Jardim Botânico e, como acontecimento importante, em 1861 mandou plantar a Floresta da Tijuca[65] a fim de garantir suprimento de água potável para o Rio de Janeiro, com seus mananciais ameaçados pelos desmatamentos das encostas dos morros. Juraci Perez Magalhães,[66] ao tratar do tema e abordar esse período da história do direito ambiental, disse que a legislação portuguesa fez progressos em terras brasileiras, a ponto de ser o embrião de nosso sistema legislativo ambiental no qual, muitas vezes, recursos ambientais e direito de propriedade confundem-se.

Na evolução, entre as primeiras normas do período republicano brasileiro, tivemos o art. 554[67] do Código Civil de 1916,[68] que indire-

---

[64] "Veja-se, portanto, já naquela época, o pioneiro da legislação ambiental portuguesa, que ainda hoje muito tem a contribuir, especialmente na área de reparação do dano ambiental. Tal afirmativa está baseada nas avançadas estimativas dos bens bióticos, desde o término da compilação das Ordenações Afonsinas, em julho de 1446, quando os portugueses já imputavam valores previamente estipulados na própria legislação aos infratores que tivessem cometido crimes contra a natureza" WAINER, Ann Helen. *Op.cit.*, p. 24.

[65] "A Floresta da Tijuca, maior floresta urbana do mundo, que hoje encanta brasileiros e estrangeiros, honrando aquele que foi seu empreendedor, o Imperador D. Pedro II, é um dos maiores símbolos da ecologia e do envolvimento do Império do Brasil com a questão ambiental." *Ibidem.*, p. 51.

[66] "Desde então, podemos observar que a legislação ambiental teve grande progresso em terras brasileiras. Desenvolveu-se de tal forma, na fase colonial, que podemos considerar esse período como a fase embrionária de nosso Direito Ambiental." MAGALHÃES, Juraci Perez. *A Evolução do Direito Ambiental no Brasil.* São Paulo: Oliveira Mendes, 1998, p. 3.

[67] "Art. 554: O proprietário, ou inquilino de um prédio tem o direito de impedir que o mau uso da propriedade vizinha possa prejudicar a segurança, o sossego e a saúde dos que o habitam."

[68] "O Código Civil de 1916, até pela data de sua edição quando a expressão 'ecologia' tinha apenas algumas décadas e o assunto não havia tomado as proporções dos tempos atuais, não trata

tamente protegia o meio ambiente ao disciplinar o uso da propriedade, tornando ilícito civil seu mau uso – especialmente em detrimento dos vizinhos; e que consolidava a legislação do século XIX. O Código Civil fez tênues referências ao meio ambiente. Porém, com a limitação imposta em razão da proximidade dos prédios, atendeu ao interesse social e disciplinou o uso do solo urbano em prol da qualidade de vida nas cidades.

Em 1916, o conceito bem de uso comum do povo é integrado ao Código Civil; em 1988, é apropriado pelo legislador constituinte brasileiro, com críticas de Luís Roberto Barroso,[69] que o considera distinto do direito de propriedade – *in casu,* em conformidade com a evolução dos conceitos no direito ambiental, o direito de propriedade, garantido pela legislação constitucional, sofreu restrições que evidentemente envolvem interesses econômicos. Quer dizer, o proprietário não poderá usar a propriedade em desconformidade com a legislação, especialmente a de natureza ambiental, que assegura a todos o direito ao meio ambiente ecologicamente equilibrado.

Conforme expôs Hely Lopes Meirelles,[70] essas limitações administrativas do Código Civil de 1916 devem corresponder aos interesses coletivos, sem aniquilar o direito de propriedade nas suas manifestações de uso, gozo e disponibilidade da coisa, bem como não podem eliminar os direitos fundamentais do homem, comprometendo-lhe, entre outros valores, a vida. Nossa legislação civil deu, nessa época, os primeiros passos para harmonizar meio ambiente e desenvolvimento econômico.

Em suma, parece claro que tais disposições legais indicam o caminho para as cidades sustentáveis, pois a urbanização irregular, a construção de grandes metrópoles com concentração humana e atividades a ela relacionadas levaram à ruptura do equilíbrio ambiental. Isto

---

de forma expressa as questões ambientais. Contudo, os artigos 554 e 555, na seção relativa aos Direitos de vizinhança, reprimem o uso nocivo da propriedade." WAINER, Ann Helen. *Op.cit.,* p. 56.

[69] "O direito ao meio ambiente sadio é mais do que um bem de uso comum do povo. Os direitos de natureza ambiental ensejam limitações administrativas e intervenções na propriedade precisamente quando sua preservação venha associada à utilização de bens que se encontrem no domínio privado. O que o constituinte terá pretendido dizer é que o meio ambiente constitui um bem jurídico próprio, distinto daquele sobre o qual se exerce o direito de propriedade." BARROSO, Luís Roberto. *Op.cit.,* p. 255.

[70] MEIRELLES, Hely Lopes. *Direito Municipal Brasileiro.* 12ª ed. PRENDES, Célia Marisa; REIS Márcio Schneider (atual.). São Paulo: Malheiros, 2001, p. 487.

é, romperam o equilíbrio que decorre do limiar da aceitabilidade do risco de dano ambiental que deve atender a dois critérios básicos: o ambiental e o econômico. Neste mesmo sentido, leciona Maria Alexandra de Sousa Aragão.[71]

Segundo Júlio César de Sá da Rocha,[72] as atividades urbanas afetam o meio ambiente com a transformação de espaços naturais em áreas urbanas, com a extração e a degradação dos recursos naturais e com a liberação de resíduos domésticos e industriais. Para o autor citado, esta situação determinou a instituição das funções sociais[73] e ambientais para as cidades,[74] no rumo de cidades sustentáveis. Como se pretendeu evidenciar, a defesa do meio ambiente é condição para o desenvolvimento sustentável e busca atender o princípio do ambiente sadio, conforme afirma João Marcos Adede y Castro.[75]

Após a edição do antigo Código Civil brasileiro, veio o Regulamento de Saúde Pública, Decreto nº 16.300, de 31.12.1923, em que foi criada uma Inspetoria de Higiene Industrial e Profissional. Entre outras finalidades, este regulamento protegia a saúde pública e, indiretamen-

---

[71] "O limiar de aceitabilidade pode ser definido segundo dois critérios básicos: o económico e o ecológico, sendo este último mais rigoroso e correspondendo a uma exigência maior de qualidade do ambiente. Como critério auxiliar, a valoração social do ambiente, como elemento integrante da qualidade de vida, pode mesmo levar a que os padrões de qualidade do ambiente sejam elevados para além do limite superior definido pelo ponto de equilíbrio ecológico". ARAGÃO, Maria Alexandra de Sousa. *Op.cit.*, p. 158-159.

[72] "As atividades urbanas afetam o meio ambiente em três caminhos principais: a conversão de espaços naturais para usos urbanos, à extração e deterioração dos recursos naturais para usos urbanos, a extração e deterioração dos recursos naturais e o despejo dos resíduos urbanos e industriais e domésticos." ROCHA, Júlio Cesar de Sá da. *Função Ambiental da Cidade. Direito ao meio ambiente urbano ecologicamente equilibrado.* São Paulo: Juarez de Oliveira, 1999, p. 9.

[73] "De acordo com o art. 182, caput, da Constituição Federal, a política urbana tem por objetivo ordenar o pleno desenvolvimento das funções sociais da cidade e garantir o bem-estar dos seus habitantes. Significa realizar as funções de habitação, condições adequadas ao trabalho, recreação e de circulação humana. O pleno desenvolvimento dessas funções deve ser compreendido como o direito à cidade." ROCHA, Júlio Cesar de Sá da. *Op. cit.*, p. 36.

[74] "A função ambiental atua sobre a cidade para concretizar o seu fim: efetivar o bem-estar dos habitantes da cidade e o meio ambiente ecologicamente equilibrado.
À cidade cumpre sua função ambiental quando garante a todos o direito ao meio ambiente urbano ecologicamente equilibrado, v.g., na existência de áreas verdes e equipamentos públicos, espaços de lazer e cultura, transportes públicos, esgotamento sanitário, serviços de água, luz, pavimentação de vias públicas". ROCHA, Júlio Cesar de Sá da. *Op.cit.*, p. 37.

[75] "Assim, a proteção ambiental, como condição para o desenvolvimento sustentável, busca atender a diversos princípios, entre eles o dos direitos humanos a um ambiente são e produtivo, o do valor da diversidade biológica, a conservação dos recursos naturais, a satisfação de necessidade básicas de aumento de qualidade de vida, a distribuição de riquezas, o fortalecimento da capacidade de autogestão e outros". Legislação Ambiental Brasil-Argentina. CASTRO, João Marcos Adede y. *Op.cit.*, p. 197.

O Direito ao Meio Ambiente
ECOLOGICAMENTE EQUILIBRADO COMO DIREITO FUNDAMENTAL

te, o meio ambiente. A seu turno, mais abrangente, também impedia que as fábricas e as oficinas prejudicassem a saúde dos moradores no seu entorno, provocando o isolamento e o afastamento das indústrias poluidoras. O Código de Águas, Decreto nº 24.643, foi editado em 10.7.34, e ainda está em vigor. No mesmo ano, foi editado o Decreto nº 23.793, Código Florestal Brasileiro – com nova redação dada pela Lei nº 4.771, de 15.9.65.

Por razões econômicas, a legislação inicialmente protegia alguns bens ambientais. Porém, ao serem esgotados ou degradados os recursos não-renováveis, a sociedade passa a efetuar gastos com a geração de tecnologias, mecanismos e obras mitigadoras, para recuperar a qualidade do meio ambiente e para implementar novas formas de produção. Com isso, a legislação tornou-se mais restritiva ao uso dos bens ambientais, pois o meio ambiente é paradoxalmente agente e paciente do desenvolvimento econômico. Nesse conflito entre economia e ecologia, quem mais perde é a natureza: o somatório dos impactos negativos sobre o meio ambiente é superior aos impactos aparentemente positivos, e gera passivos ambientais.

Em 1967, são editados o Decreto-lei nº 221, de 28 de fevereiro deste ano, que dispõe sobre a proteção e o estímulo da pesca (Código de Pesca), e o Decreto-lei nº 227 (Código de Mineração), da mesma data. Ambos esboçam uma efetiva preocupação com a poluição ambiental e seus impactos negativos sobre a natureza. Em 26 de setembro de 1967, a Lei nº 5.318 instituiu no país a Política Nacional de Saneamento, que indiretamente protegia o meio ambiente. Esta lei foi condição essencial para dar início à busca pela qualidade ambiental, com a eliminação de fontes de moléstias e doenças.

A partir de 1970, em face à enorme devastação dos recursos naturais não-renováveis e o comprometimento do *habitat* do homem, a preocupação com o ecossistema equilibrado despertou o interesse de juristas brasileiros. O ambiente passou a ser objeto de debates e de proteção legislativa. Portanto, face à imperiosa necessidade de adaptação à nova realidade imposta, o período de transição entre a mudança de condutas culturais e a adequação de um sistema à legislação é o da gênese da própria evolução dos institutos jurídicos.

Neste andar do direito positivo nacional, foi expedido o Decreto-Lei nº 1.413, de 14.8.1975, dispondo sobre o controle da poluição ambiental provocada pelas atividades industriais. Na mesma década, foram também editados o Decreto nº 76.389, de 3.10.1975, dispondo sobre medidas para o efetivo exercício da prevenção e do controle da poluição industrial, e a Portaria do Ministério do Interior n° 13, de 15.1.1976, fixando os parâmetros para a classificação das águas interiores nacionais, conforme alternativas de consumo.

A evolução legislativa infraconstitucional foi consolidada no ano de 1981, com a Lei n° 6.938, que estabeleceu diretrizes para a Política Nacional do Meio Ambiente, configurando o primeiro marco do moderno direito ambiental brasileiro. Outros diplomas legais, antes desta lei, tentaram parcialmente atacar aspectos mais graves – por exemplo, a Lei n° 6.803, de 2.7.1980, sobre diretrizes básicas para o zoneamento industrial, e a Lei n° 6.902, de 24.4.1981, que dispôs sobre a criação de Estações Ecológicas e Áreas de Proteção Ambiental. Em seu art. 2°, inciso II – ponto culminante da regra de política ambiental –, a Lei n° 6.938/81 instituiu a racionalização no uso dos recursos ambientais como meta. Com isso, foi aberto caminho para a efetiva institucionalização do desenvolvimento sustentável,[76] e foi imposta a obrigatoriedade da implementação deste princípio de natureza econômica. O uso racional dos bens – sem desperdícios, riscos ou o comprometimento do equilíbrio ambiental – passou a ser objeto do direito ambiental.

Inicialmente, parte dos bens ambientais considerados ilimitados, a exemplo da água, estava fora do mercado. Esta foi uma das razões que contribuiu para a apropriação da natureza sem custo para os usuários. Hoje tal idéia encontra-se ultrapassada, pois a natureza perdeu a sua capacidade para receber a poluição gerada desde a Revolução Industrial sem perdas ou riscos para a própria sobrevivência da vida. Por esta, entre outras razões de ordem ambiental, tais como a sadia qualidade de vida, os bens ambientais deixaram de constar como bens livres, e passaram, além do valor ambiental, a ter valor econômico por serem limitados, posto que, em sua essência, estão submetidos ao princípio da escassez. Por construção doutrinária e legal, mesmo quando auto-regeneráveis, os bens podem escassear ou serem extintos, com impacto negativo à própria economia, e portanto deixaram de constar como bens livres. Nesse sentido, são as afirmações da autora portuguesa Maria Alexandra de Souza Aragão.[77]

---

[76] A palavra sustentável é uma decorrência lógica da leitura conjunta do Texto Constitucional com o da Lei da Política Nacional do Meio Ambiente, à medida que harmoniza a atividade econômica com a defesa ambiental.

[77] "(...) apesar de os recursos naturais disponíveis terem uma utilidade praticamente vital para os agentes econômicos, e apesar de serem cada vez mais escassos, eles estão sujeitos a uma tal intensidade de exploração pelo Homem que, em muitos casos, os faz aproximarem-se a passos

Para proteger esses bens ambientais, em uma nova fase, com a Lei da Política Nacional do Meio Ambiente, foi inserida em nosso sistema legal a responsabilidade civil objetiva, e foram estabelecidas a responsabilidade administrativa ambiental e a polícia ambiental administrativa. Para possibilitar o efetivo cumprimento de seu desiderato, elevou o ambiente a bem de uso comum do povo e, por conseqüência, a interesse difuso. Em seu art. 4º, inciso I,[78] como uma das diretrizes da Política Nacional do Meio Ambiente e regra de defesa ambiental, foi estabelecida a preservação da qualidade ambiental como meta orientadora de condutas e de políticas públicas e privadas.

O legislador nacional, na busca da efetividade da proteção ambiental, editou a Lei nº 7.347, de 24 de julho de 1985, para disciplinar a ação civil pública ambiental como instrumento para promover em juízo a defesa do meio ambiente ecologicamente equilibrado, entre outros bens de natureza coletiva ou difusa, nosso segundo grande marco na evolução do moderno direito ambiental brasileiro. Em continuação, pela Resolução 237 do CONAMA, com data de 19 de dezembro de 1997, foi regulamentado o licenciamento ambiental e foram fixadas as definições legais para este instrumento de política ambiental tornado obrigatório pela norma constitucional. Posteriormente, a responsabilidade administrativa foi tratada pelo Decreto nº 3.179, de 21.9.99, que regulamentou as sanções aplicáveis às condutas e às atividades lesivas ao meio ambiente.

Na escala evolutiva de nossa legislação ambiental, em outubro de 2001 foi aprovada a Lei nº 10.257 com normas gerais de direito urbanístico para ordenar o espaço e organizar o crescimento das cidades. Esta lei, denominada Estatuto da Cidade, regulamentou os artigos 182 e 183 da Constituição Federal, que tratam do meio ambiente urbano, e estabeleceu, em seu art. 1º, parágrafo único,[79] as funções sociais e

---

largos da extinção. Esta situação absurda reflecte alguma 'miopia' dos agentes económicos, que, incapazes de ver ao longe, não se apercebem de que, tomando decisões económicas com base em dados de curto prazo, estão a 'cavar a sua própria sepultura' alheios às conseqüências futuras que, a médio ou longo prazo, decorrerão das suas decisões de hoje." ARAGÃO, Maria Alexandra de Sousa. *Op.cit.*, p. 24.

[78] "Art. 4º. A Política Nacional do Meio Ambiente visará:
I – à compatibilização do desenvolvimento econômico-social com a preservação da qualidade do meio ambiente e do equilíbrio ecológico."

[79] "Art. 1º. Na execução da política urbana, de que tratam os arts. 182 e 183 da Constituição Federal, será aplicado o previsto nesta Lei.
Parágrafo único. Para todos os efeitos, esta Lei, denominada Estatuto da Cidade, estabelece normas de ordem pública e interesse social que regulam o uso da propriedade urbana em prol do bem coletivo, da segurança e do bem-estar dos cidadãos, bem como do equilíbrio ambiental."

ambientais para a propriedade urbana. Também o Novo Código Civil, ao tratar do direito de propriedade, dispôs sobre as funções social e ambiental,[80] em seu art. 1.228, § 1º.[81]

No ápice da evolução do moderno direito ambiental brasileiro, o Novo Código Civil – Lei nº 10.406,[82] de 10 de janeiro de 2002 – dispõe, em seu art. 1228, §1º, que o proprietário deve utilizar sua propriedade, assegurando outros direitos de cunho social, que atingem a toda a coletividade. Na verdade, o que tais modificações deixam entrever é que o direito de propriedade foi relativizado, pois foram acrescentadas aos bens as funções social e ambiental, retirando do uso da propriedade o caráter de absoluto ou exclusivista. O proprietário tem o direito de propriedade – mas este não é absoluto. A este direito sobrepõe-se o direito de preservação e de conservação do bem ambiental. Cria-se, assim, um novo conceito de propriedade, voltado às necessidades não somente das pessoas humanas mas também de todos os seres vivos. Esse ponto de vista também é defendido por Nelson Nery Júnior e Rosa Maria de Andrade Nery.[83]

Essa década passou a ser um referencial no direito brasileiro, pois marcou o fim de uma etapa – aquela que antecedeu a fase do movimento ambientalista brasileiro e da estruturação de uma efetiva preocupação com o meio ambiente ecologicamente equilibrado. No entanto, a maior preocupação ainda se restringia ao ambiente como bem econômico e à saúde pública, e não diretamente ao meio ambiente ecologicamente equilibrado como interesse autônomo. Na evolução

---

[80] Define-se a função social da propriedade como aquela relacionada à sadia qualidade de vida, à dignidade da pessoa humana; e a função ambiental como a que se refere ao equilíbrio do ecossistema.

[81] "Art. 1.228 – O proprietário tem a faculdade de usar, gozar e dispor da coisa, e o direito de reavê-la do poder de quem quer que injustamente a possua ou detenha.
§ 1º – O direito de propriedade deve ser exercido em consonância com as suas finalidades econômicas e sociais e de modo que sejam preservados, de conformidade com o estabelecido em lei especial, a flora, a fauna, as belezas naturais, o equilíbrio ecológico e o patrimônio histórico e artístico, bem como evitada a poluição do ar e das águas."

[82] Publicada no D.O. de 11/01/2002.

[83] "O uso do solo urbano submete-se aos princípios gerais disciplinadores da função social da propriedade, evidenciando a defesa do meio ambiente e do bem-estar da sociedade. Consoante preceito constitucional, a União, os Estados e os Municípios têm competência concorrente para legislar sobre o estabelecimento das limitações urbanística no que diz respeito às restrições do uso da propriedade em benefício do interesse coletivo, em defesa do meio ambiente para a preservação da saúde pública e, até, do lazer." (S TJ, 2ª T, Recorrer. MS 8766-PR, Rel. Min. Francisco Peçanha Martins, v. u., j. 6.10.1998, DJU 17.5.1999, p. 150 – RSTJ 121/160). *apud* NERY JUNIOR, Nelson; NERY, Rosa Maria de Andrade. *Novo Código Civil e Legislação Extravagante Anotados*. São Paulo: Revista dos Tribunais, 2002, p. 418.

legislativa ambiental veio a Constituição Federal de 1988, nosso terceiro marco e aperfeiçoamento do sistema legislativo ambiental. O art. 225°, *caput*, assegura a todos o meio ambiente ecologicamente equilibrado. Por sua natureza, esta garantia constitucional estabelece uma nova relação jurídica que se sobrepõe à relação jurídica entre o titular e o bem privado como objeto da relação jurídica. Superior a esta, existe a relação jurídica ambiental que é estabelecida entre a humanidade e a natureza – porém, para a efetiva defesa ambiental, foi fundamental a inclusão das funções social e ambiental no exercício do direito de propriedade.

Até então, a evolução do direito ambiental entre nós foi lenta, sempre a reboque do direito privado: privilegiava o direito de propriedade com uma tênue abertura para a saúde pública. Fatores econômicos e culturais impediam que a legislação, por si mesma, tivesse forças para modificar os fatos sem ao menos um período de transição, sob pena de rupturas com respostas negativas. Isto posto, eram justificadas a lenta edição e a lenta implementação de um sistema legislativo de efetiva defesa ambiental.

Outra justificativa para a lenta implementação da legislação ambiental foi o fator custo que, sem a menor dúvida, influencia a economia e compõe o valor dos bens colocados no mercado consumidor. Todavia, é preciso reconhecer que progressivamente esses problemas vêm sendo equacionados graças à conscientização do homem para os problemas ambientais e à instituição dos princípios do direito ao meio ambiente ecologicamente equilibrado como direito fundamental etc. Cabe ainda um alerta. Um dos maiores problemas ainda não foi devidamente mensurado: a avaliação econômica dos danos ambientais.

A maioria dos bens ambientais está fora do mercado e não tem valor econômico conhecido – nesse sentido, discorre Luiz Antônio Abdalla de Moura.[84] O custo impõe a necessidade de compatibilização entre o meio ambiente ecologicamente equilibrado e o desenvolvimento,

---

[84] "Um dos maiores problemas constatados ao se estudar economia ambiental é a dificuldade em se estabelecer valor para um bem ambiental (qualidade do ar, da água e dos recursos naturais, por exemplo). A maioria desses bens não é comprada ou vendida no mercado e, via de regra, as próprias pessoas não querem que seja atribuído valor, ou seja, poucos aceitam pagar pela qualidade de vida, embora todos queiram uma elevada qualidade. Hoje, entretanto, há uma tendência a uma maior realização de discussões e ao desenvolvimento de técnicas que possam avaliar, de forma confiável, o preço desses bens naturais, como é o caso da água, com valores que serão estabelecidos pelos Comitês de Bacias Hidrográficas, em função de sua escassez na bacia." MOURA, Luiz Antônio Abdalla de. *Economia Ambiental – Gestão de Custos e Investimentos*. São Paulo: Juarez de Oliveira, 2000, p. 2.

limitados a um tempo e a uma época. Conforme este autor,[85] a qualidade ambiental que integra o sistema das organizações pode e deve ser quantificada em termos de custo. Isto é, a quantificação do valor da qualidade ambiental pode e deve ser considerado na avaliação custo-benefício dos empreendimentos que utilizam recursos ambientais.

Quanto à legislação de natureza essencialmente penal, bem mais escassa, o Código Criminal do Império do Brasil, de 16 de dezembro de 1830, em seus artigos 178[86] e 257,[87] estabelecia sanções para quem destruísse ou danificasse construções, monumentos e bens públicos e cortasse árvores ilegalmente. No Código Penal de 1890 (Decreto 847, de 11 de outubro de 1890), em seu art. 390º,[88] também pode ser encontrada uma breve referência ao corte de árvores. Em relação à Consolidação das Leis Penais, aprovada e adotada pelo Decreto 22.213, de 14 de dezembro de 1932, no art. 328º,[89] tem-se a proteção parcial do meio ambiente cultural; no seu art. 390º – a exemplo do Código anterior, também em artigo do mesmo número – dispôs sobre a proteção ambiental. O Código Penal de 1940 definiu, em seu art. 271º,[90] o crime de corrupção ou poluição de água potável. No entanto, protege apenas a água potável, e não aquela já poluída.

---

[85] "A qualidade ambiental, integrada ao sistema global da organização, pode e deve ser mensurada em termos de custos, embora exista, no início do processo, dificuldades em se quantificar o que significa realmente qualidade ambiental e não seja uma tarefa fácil enquadrar os custos da qualidade ambiental nos sistemas contábeis normais da empresa. A linguagem dos custos, além de ser universal, é aquela mais compreendida pela alta direção, permitindo-lhe realizar as escolhas corretas e visualizar de forma precisa (quantificada) grande parte dos benefícios e lucros decorrentes para a empresa da implantação dos programas de gestão ambiental." MOURA, Luiz Antônio Abdalla de. *Op.cit.*, p. 35.

[86] Destruir, abater, mutilar, ou damnificar monumentos, edifícios, bens públicos, ou quaesquer outros objetos destinados à utilidade, decoração, ou recreio público.
Penas – de prisão com trabalho por dous mezes a quatro annos, e de multa de cinco a vinte por cento do valor do damno causado.

[87] Tirar a cousa alheia contra a vontade de seu dono, para si ou para outro.
Penas – de prisão com trabalho por dous mezes a quatro annos, e de multa de cinco a vinte por cento do valor furtado.

[88] Cortar, destruir, ou substituir por outras, sem licença da autoridade competente, as arvores plantadas nas praças, ruas e logradouros públicos; damnificar os jardins e parques de uso público.
Penas – de prisão cellular por oito a quinze dias, e multa igual ao valor do damno causado.

[89] Destruir, abater, mutilar, ou damnificar monumentos, estatuas, ornamentos ou quaesquer objetos destinados á decoração, utilidade ou recreio público.

[90] Corromper ou poluir água potável, de uso comum ou particular, tornando-a imprópria para consumo ou nociva à saúde:
Pena – reclusão, de dois a cinco anos.
Modalidade culposa
Parágrafo único. Se o crime é culposo:
Pena – detenção, de dois meses a um ano.

O Direito ao Meio Ambiente
ECOLOGICAMENTE EQUILIBRADO COMO DIREITO FUNDAMENTAL

Este código protegia indiretamente o meio ambiente em seus artigos 165 (dano em cousa de valor artístico, arqueológico ou histórico); 166 (alteração de local especialmente protegido); 252 (uso de gás tóxico ou asfixiante); 259 (difusão de doença ou praga); 270, *caput*, § 1°, 1ª parte, (envenenamento de água potável ou de substância alimentícia ou medicinal). O Decreto-lei n° 3.688, de 3.10.1941, Lei das Contravenções Penais, em seus artigos 38[91] e 64,[92] timidamente dispôs sobre a proteção ambiental – na realidade, tratou da poluição e da proteção dos animais. Porém, da legislação citada, estes dispositivos são os mais próximos de nosso moderno Direito Penal Ambiental por objetivarem também a prevenção.

O alcance dessas duas últimas normas foi bem abordado por Bento de Faria,[93] ao afirmar que ninguém é obrigado a suportar os incômodos produzidos pelas indústrias poluidoras. Para o autor, a emissão de fumaça e de cheiros gerados pelas indústrias, evidentemente incômodos, também pode ser classificada como poluição ambiental. Também a proteção aos animais, segundo o autor, foi instituída por serem estes tutelados pelo Estado.[94]

Como se pode constatar, as normas penais editadas até 1940 foram insuficientes para uma efetiva proteção da natureza. Tal assertiva, à luz da legislação ambiental, é de fácil comprovação, pois alguns danos, uma vez produzidos, são irreversíveis – razão pela qual a legislação ambiental tem também o caráter preventivo e educacional. Na evolução do que se pode denominar de Direito Penal Ambiental, com a nova redação que deu a Lei n° 7.804 – de 18 de julho de 1989 – à Lei n° 6938/81, em seu art. 15,[95] foi introduzida no sistema penal a

---

[91] Provocar, abusivamente, emissão de fumaça, vapor ou gás, que possa ofender ou molestar alguém:
Pena – multa, de duzentos mil réis a dois contos de réis.

[92] Tratar animal com crueldade ou submetê-lo a trabalho excessivo;
Pena – prisão simples, de dez dias a um mês ou multa, de cem a quinhentos mil réis.
§ 1° – Na mesma pena incorre aquele que, embora para fins didáticos ou científicos, realiza em lugar público ou exposto ao público, experiência dolorosa ou cruel em animal vivo.
§ 2°. Aplica-se a pena com aumento de metade, se o animal é submetido a trabalho excessivo ou tratado com crueldade, em exibição ou espetáculo público.

[93] FARIA, Bento de. *Das Contravenções Penais*. Rio de Janeiro: Livraria Jacintho, 1942, p. 146.

[94] FARIA, Bento de. *Op. cit.*, p. 247.

[95] "Art. 15 – O poluidor que expuser a perigo a incolumidade humana, animal ou vegetal, ou estiver tornando mais grave situação de perigo existente, fica sujeito à pena de reclusão de um (um) a 3 (três) anos e multa de 100 (cem) a 1.000 (mil) MRV.
§ 1° – A pena é aumentada até o dobro se:

responsabilidade pelo crime de poluição na legislação brasileira, já prevista pela norma constitucional, conforme dispõe o art. 225°, § 3°.[96] Como até então se revelasse insuficiente a conscientização e a legislação em vigor, em 12 de fevereiro de 1998, a Lei n° 9.605 regulamentou o art. 225, § 3°, da Constituição Federal,[97] que dispõe sobre as sanções penais e administrativas para condutas e atividades lesivas ao meio ambiente ecologicamente equilibrado.

A Lei n° 6.938/81, que foi revogada parcialmente pela Lei n° 9.605/98, dispõe sobre as sanções penais e administrativas derivadas de condutas e atividades lesivas ao meio ambiente. Além do art. 15 da Lei 6.938/81, que dispunha sobre o crime ambiental, a Lei n° 9.605/98 revogou os arts. 165, 166, 252, 259, 270, *caput*, § 1°, 1ª parte, e 271 do Código Penal; e os arts. 28, 38, 42 e 64 da Lei das Contravenções Penais.

Outros textos também dispunham sobre crimes de natureza ambiental e foram revogados pela Lei 9.605: os arts. 26, "a", "b", "c" "d", "f", "g", "h", "i", "n", "o" e "q", e 45, § 3°, da Lei 4.771/65 (Código Florestal); os arts. 4°, 17, 18, 27, *caput*, e §§ 1° e 2°, da Lei 5.197/67 (Código de Caça); os arts. 20, 21, 22, 24 e 25 da Lei 6.453/77 (atividades nucleares); o art. 8° da Lei 7.679/88 (proibição de pesca de espécies em períodos de reprodução); os arts. 15 e 16 da Lei 7.802/99 (agrotóxicos); o art. 21 da Lei 7.805/87 (lavra garimpeira).

2.4. No Direito Constitucional Ambiental brasileiro

A propriedade, sob a ótica do direito ambiental constitucional, passa a ter funções social e ambiental, sem o caráter individualista que,

---

I – resultar:
– dano irreversível à fauna, à flora e ao meio ambiente;
– lesão corporal grave;
II – a poluição é decorrente de atividade industrial ou de transporte;
III– o crime é praticado durante a noite, em domingo ou feriado;
§ 2°. Incorre no mesmo crime a autoridade competente que deixar de promover as medidas tendentes a impedir a prática das condutas acima descrita."

[96] § 3°. As condutas e atividades consideradas lesivas ao meio ambiente sujeitarão os infratores, pessoas físicas ou jurídicas, a sanções penais e administrativas, independentemente da obrigação de reparar os danos causados".

[97] O constituinte reservou a expressão atividades para pessoas jurídicas de direito público e privado, e condutas para as pessoas naturais.

no passado, fundamentou o direito de uso que, como bem desenvolve Plauto Faraco de Azevedo,[98] o direito de propriedade deixou de ser um direito absoluto por força do direito ambiental – é formado por normas imperativas. Por sua vez, estas normas são caracterizadas como normas de ordem pública, que impõem a indisponibilidade dos interesses públicos. A função ambiental estritamente vinculada ao equilíbrio ambiental determina o exercício do direito de propriedade em harmonia com a legislação ambiental, o que determinou um novo ramo do direito público, autônomo e com novos paradigmas.

Construir novos paradigmas e adotar métodos próprios de investigação, com ênfase nos princípios superiores do direito – tais como o direito ao meio ambiente ecologicamente equilibrado e a dignidade da pessoa humana –, caracteriza este novo ramo do direito. Ao lado do interesse individual puro – cerne do regime jurídico do direito privado, individualista por natureza –, o Estado brasileiro tornou o meio ambiente ecologicamente equilibrado indisponível, como instrumento para a efetiva defesa do equilíbrio dos ecossistemas; e possibilitou a defesa, em juízo, do meio ambiente como interesse difuso e patrimônio da humanidade, especialmente por meio da Ação Civil Pública.

A Constituição Imperial de 1824, primeiro diploma constitucional brasileiro, é produto de um tempo e de uma cultura. Não tratou do meio ambiente; mas, em seu art. 179°, XXIV,[99] fez uma leve menção à proteção à saúde – naquele século, uma das maiores preocupações do Estado, face às precárias condições de salubridade das cidades e da zona rural.

Como decorrência de uma visão ambiental utilitarista, de natureza econômica, a Constituição Republicana de 1891 apenas atribuiu com-

---

[98] "Diante desse direito fundamental, objetivando a proteção da vida, suporte de todos os demais direitos, admira que ainda se pretenda ver a propriedade como direito absoluto. O Direito Ambiental, constituído de normas esparças por diversos ramos do direito, é formado por normas imperativas, sobrepostas à vontade dos particulares, tendo em vista a indisponibilidade dos interesses públicos que regem. O direito subjetivo de propriedade, além de dever conformar-se à sua função social, como determina a Constituição, subordina-se, em seu exercício, às superiores exigências da ordem jurídica ambiental. É da índole desta o estabelecer limitações ao direito de propriedade e aos direitos de exploração econômica dos recursos da natureza." AZEVEDO, Plauto Faraco de. *Op.cit.*, p. 147.

[99] "Art. 179. A inviolabilidade dos Direitos Civis, e Políticos dos Cidadãos Brazileiros, que tem por base a liberdade, a segurança individual, e a propriedade, é garantida pela Constituição do Império, pela maneira seguinte.
XXIV. Nenhum gênero de trabalho, de cultura, indústria, ou comércio, póde ser prohibido, uma vez que não se oponha aos costumes públicos, à segurança, e saúde dos Cidadãos."

petência à União para tratar de minas e de terras (arts. 29[100] e 34[101]) na condição de bens econômicos e fatores de produção e de desenvolvimento. Também a Carta de 1934 tinha o objetivo de regulamentar as atividades econômicas, mas não o de proteger o meio ambiente. Assim regulamentou parcialmente a exploração de alguns recursos naturais (art. 5°, XIX, j)[102] – posição mantida nas constituições de 1937,[103] 1946[104] e 1967,[105] que adotaram posicionamentos idênticos às constituições anteriores. Como resultado de uma época, a idéia de desenvolvimento econômico precedeu a de defesa ambiental.

Até então, como observa Elida Séguin,[106] a legislação constitucional brasileira foi editada em consonância com o princípio do desenvolvimento econômico-social e dispôs sobre os recursos naturais como matéria-prima a ser explorada, sem observar o uso sustentável dos recursos ambientais. Não teve cuidado com a exploração econômica dos recursos porque não considerava a possibilidade de extinção ou de degradação dos bens.

O primeiro passo para romper com os conceitos vigentes, em relação ao direito de propriedade e ao meio ambiente, foi dado pela Carta de 1967: em seu art. 147,[107] condicionou o uso da propriedade à sua função social. Esta ruptura culminou com a Constituição Federal de 1988, que dedicou um capítulo inteiro ao meio ambiente. Ela tratou deste tópico, direta ou indiretamente, em mais de 40 (quarenta) artigos,

---

[100] "Art. 29. Legislar sobre terras e minas de propriedade da União."

[101] "Art. 34. Decretar as leis organicas para a execução completa da Constituição."

[102] "Art. 5°. Compete privativamente á União:
XIX, legislar sobre:
j) bens do dominio federal, riquezas do sub-solo, mineração, metallurgia, aguas, energia hydroelectrica, florestas, caça e pesca e a sua exploração;"

[103] "Art. 16. Compete privativamente à União o poder de legislar sobre as seguintes matérias:
XIV – os bens do domínio federal, minas, metalurgia, energia hidráulica, águas, florestas, caça e pesca e sua exploração."

[104] "Art. 5°. Compete à União:
l) riquezas do subsolo, mineração, metalurgia, águas, energia elétrica, florestas, caça e pesca;"

[105] "Art. 8°. Compete à União.
XVII – legislar sobre:
h) jazidas, minas e outros recursos minerais; metalurgia; florestas, caça e pesca;
i) águas, energia elétrica e telecomunicações;"

[106] SÉGUIN, Elida. *O Direito Ambiental: Nossa Casa Planetária*. Rio de Janeiro: Forense, 2000, p. 55.

[107] O uso da propriedade será condicionado ao bem-estar social. A lei poderá, com observância do disposto no art. 141, § 16, promover a justa distribuição da propriedade, com igual oportunidade para todos.

destacando-o como bem de uso comum do povo e classificando-o como interesse difuso – e, por conseqüência, como patrimônio da humanidade. Na condição de um direito mais forte, o direito ao meio ambiente ecologicamente equilibrado foi integrado à Constituição ao lado da forma de Estado, do sistema de governo e de organização dos poderes ao núcleo base da Constituição. Consolida-se, assim, o direito ambiental constitucional brasileiro.

Uma longa trajetória foi percorrida pelo direito ao meio ambiente saudável, desde a sua introdução no direito privado até o entranhamento de seus princípios e normas na Lei Maior, que inscreveu no catálogo de seus fins, novas obrigações destinadas ao Poder Público e à comunidade, tais como a defesa do meio ambiente ecologicamente equilibrado e a promoção da vida saudável. Inovou na matéria constitucional, concretizando uma efetiva defesa ambiental, tal como a exigência do estudo prévio de impacto ambiental para a instalação de obra ou atividade poluidora ou potencialmente poluidora, conforme dispõe a Constituição do Brasil em seu art. 225, § 1°, inciso IV. De sua leitura, deduz-se que o direito ao ambiente, como se pode inferir a partir de seus dispositivos legais, é uma extensão do direito à vida.

Com suporte na Constituição Federal de 1988, o sistema jurídico brasileiro visa ao bem-estar social;[108] para tanto, obrigatoriamente transita pela proteção do ambiente ecologicamente equilibrado. Ocorre que toda mudança de paradigmas é objeto de debates, e a constitucionalização do direito ao meio ambiente não foi exceção. Na época da Constituinte, a constitucionalização do direito ambiental recebeu crítica.

Quando apresentado o projeto da Constituição Federal de 1988, com todo um título dedicado à questão ambiental e à melhoria da qualidade de vida, Manoel Gonçalves Ferreira Filho,[109] renomado constitucionalista pátrio, sustentou que "o referido título não traz nada que reclame disciplina constitucional para que deva ser feito", sob o argumento de que já existia legislação para proteger a fauna e a flora, entre outros recursos naturais. Tais afirmações, *data venia*, são eminentemente restritivas à idéia de evolução dos institutos jurídicos e da

---

108 Neste sentido é o art. 193 da CF que diz: "A ordem social tem como base o primado do trabalho, e como objetivo o bem-estar e a justiça sociais."

109 FERREIRA FILHO, Manoel Gonçalves. *O Anteprojeto dos Notáveis*. São Paulo: Saraiva, 1987, p. 88.

proteção integral do ambiente – inclusive com a aplicabilidade do princípio da defesa do meio ambiente consagrado no art. 170 da Constituição. Este princípio, conforme dito anteriormente, constitui um referencial para o desenvolvimento das atividades econômicas, fruto do aperfeiçoamento do direito ambiental constitucional.

É evidente que Manoel Gonçalves Ferreira Filho expôs o pensamento predominante na época, que ainda hoje encontra seguidores, face à cultura jurídica na qual predomina o interesse privado em detrimento muitas vezes do público ou social. Em sentido oposto, a constitucionalização do meio ambiente foi defendida por Pinto Ferreira,[110] consagrado jurista pátrio. Em 1989, Pinto Ferreira,[111] ao comentar a Constituição de 1988, disse que "pela primeira vez uma constituição introduziu a questão ecológica em seu texto, que pode ser considerado o mais avançado do mundo na questão ambiental". Ou seja, sustenta que é necessário proteger o ambiente como patrimônio nacional, pois muitas áreas estão em situação de risco, e outras estão irreversivelmente esgotadas.

O advogado ambientalista Fábio Feldman[112] – na época deputado federal constituinte e membro da Subcomissão de Meio Ambiente – num ciclo de painéis promovido pela Secção Paulista da Ordem dos Advogados do Brasil, de 7 de abril a 2 de junho de 1987, ao falar sobre as propostas apresentadas à Assembléia Nacional Constituinte, destacou que o texto apresentado "encerra as reivindicações do movimento ecológico brasileiro e das comunidades ambientalistas, governamentais e privadas". Com evidente acerto e coerente com o sistema brasileiro, defende que as questões ambientais não podem ser vistas apenas *sob a ótica ecológica*: elas devem ser vistas através de suas implicações socioeconômicas.[113]

Também no entendimento de Fábio Feldman, o ambiente e a economia são indissociáveis: são os dois lados da mesma moeda.

---

[110] "É indispensável a proteção do patrimônio nacional, pois muitas áreas estão evidentemente ameaçadas. Esta inovação já resultou do texto da Comissão Provisória de Estudos Constitucionais, em teses sustentadas por Pinto Ferreira e Ferro Costa. O País deve ter no mínimo uma capa florestal de 5% do seu território." FERREIRA, Pinto. *Manual de Direito Constitucional*. Rio de Janeiro: Forense, 1989, p. 424.

[111] FERREIRA, Pinto. *Op. cit.*, p. 424-425.

[112] FELDMAN, Fábio. *A preservação do meio ambiente na Constituição. Problemas e Reformas. Subsídios para o debate constituinte*. Ordem dos Advogados do Brasil – Secção de São Paulo, 1988, p. 240.

[113] FELDMAN, Fábio. *Op. cit.*, p. 247.

Realmente, ambiente e economia, além de terem em comum o princípio da escassez, integram um sistema no qual um depende do outro; e a exploração econômica dos recursos naturais, se for feita de forma predadora, é nociva à própria economia.

No entanto, a constitucionalização explícita do meio ambiente consolidou-se ante a situação caótica de nosso planeta, produto da ação irresponsável do homem na busca de um progresso a qualquer custo, pois não respeitou a natureza em sua capacidade de regeneração. Segundo comprovado por um estudo do Fundo Mundial para a Natureza (WWF), é possível estimar que o ser humano ultrapassou em 20% o limite de exploração que o planeta pode suportar sem ser degradado.[114] Ao exceder este limite, a humanidade cria uma situação de risco à sua própria sobrevivência.

A revisão conceitual dos institutos jurídico-ambientais, motivada pela conscientização da humanidade, revelou a necessidade de proteger e de preservar os recursos ambientais, especialmente os não-renováveis. Sem a menor dúvida, levou a uma nova postura moldada pela ética ambiental e centrada nas gerações do presente e do futuro, estabelecendo um pacto do homem com a natureza. Ou seja, o homem tem o compromisso de não esgotá-la, de conservar o equilíbrio do ecossistema. Antes senhor absoluto dos recursos ambientais, o homem passou a ver o meio ambiente como essencial à própria espécie humana, e não mais um bem meramente econômico a ser explorado até a extinção. Tais sentimentos determinaram a inclusão do direito ao meio ambiente ecologicamente equilibrado como valor fundamental na Constituição de 1988.

Hoje, não só o desenvolvimento tecnológico – um dos instrumentos da Política Nacional do Meio Ambiente[115] –, como também a militância dos ecologistas – muito acentuada em face das ONGs e grupos ambientais afins –, atuam como ação transformadora, levando os conceitos e a cultura jurídica a evoluírem positivamente. Principalmente os ecologistas, com sua atuação junto às comunidades, colaboram na conscientização ambientalista e exigem a implementação da legislação ambiental, contribuindo para uma mudança de cultura. Nes-

---

[114] TEICH, Daniel Hessel. *Op.cit.*, p. 34.

[115] Conforme dispõe o art. 9º, inciso V, da Lei 6.938/81: "São instrumentos da Política Nacional do Meio Ambiente: (...) os incentivos à produção e instalação de equipamentos e a criação ou absorção de tecnologia, voltados para a melhoria da qualidade ambiental."

te sentido são os esclarecimentos de Liszt Vieira e de Celso Bredariol[116] ao dissertarem sobre cidadania e política ambiental. Embora despontem mudanças ou a quebra de paradigmas, os recursos ambientais utilizados pela humanidade na indústria e na construção civil escasseiam ou extinguem-se dia a dia, potencializando a crise ambiental, com todas as conseqüências e transtornos – inclusive com a perda de vidas humanas.

Como um novo pacto ou um retorno ao tempo, a legislação ambiental surge informada por valores e por princípios, conforme expõe Marcelo Abelha Rodrigues.[117] Cada vez mais, por força do princípio do direito ao meio ambiente ecologicamente equilibrado – concretizado pela norma constitucional –, tem-se este ambiente como *bem de uso comum do povo*. Do mesmo modo que cada ramo do direito possui princípios próprios norteadores de suas normas no sistema, é imprescindível que o direito ambiental ascendente em todos os sistemas jurídicos atuais, também os possua. Então, mais um ponto que comprova a autonomia e a força das normas ambientais, é o fato de possuírem as suas próprias diretrizes básicas.

Pela primeira vez no Brasil, a Constituição priorizou a prevenção do dano ambiental como interesse difuso, ou seja, sem titulares certos e definidos. Basta observar que a legislação constitucional tratou genericamente do ambiente natural no art. 225 e do meio ambiente cultural no art. 216. Ambos, na sua qualidade de bens de uso comum do povo, podem ser destacados em relação ao direito de propriedade, erigindo-se em um direito mais forte.

De acordo com a leitura literal do art. 225, *caput*, da Constituição Federal, o meio ambiente ecologicamente equilibrado está desvinculado

---

[116] "As ONGS realizam trabalhos como: centros de defesa de direitos humanos, associações de defesa do meio ambiente, institutos de pesquisa social, assessorias a movimentos populares, entidades de defesa dos direitos da mulher, dos negros, das minorias. Os principais temas abordados pelas ONGs são cidadania, educação, políticas públicas, movimentos sociais, direitos humanos e meio ambiente. E sua atuação se dá, em geral, através de assessoria e capacitação, mas suas possibilidades de ação aumentam a cada dia. Com uma credibilidade cada vez maior junto à sociedade, as ONGs abrem espaços institucionais de participação junto ao Estado. Não para desenvolver oposição sistemática, como no passado, mas para a defesa de um novo projeto de sociedade, combinando ações a partir do Estado com outras que nascem e se desenvolvem na sociedade civil." VIEIRA, Liszt; BREDARIOL, Celso. *Cidadania e política ambiental*. Rio de Janeiro: Record, 1998, p. 107-108.

[117] "Por ser uma ciência autônoma, o direito ambiental informado por princípios que regulam seus objetivos e diretrizes que devem se projetar para todas as normas ambientais, norteando os operadores desta ciência e salvando-se as dúvidas ou lacunas na interpretação das normas ambientais". RODRIGUES, Marcelo Abelha. *Instituições de Direito Ambiental*. Volume 1. São Paulo: Max Limonad, 2002, p. 133.

do direito de propriedade, guindado a uma nova categoria jurídica e classificado como interesse difuso, um direito de todos. Assim o meio ambiente passa a ser aceito como patrimônio da humanidade. Como corolário destas assertivas, o direito ao ambiente ecologicamente equilibrado ganhou importância na ordem dos interesses coletivos ou difusos, que representam a proteção da pessoa humana sob a égide da soberania do Estado brasileiro.

A Constituição de 1988 ainda dispôs sobre o meio ambiente como essencial à proteção dos seres humanos, assegurando-lhes o exercício de sua dignidade, mais particularmente aos brasileiros e aos estrangeiros residentes no país (art. 5º da CF). Como fundamento, manteve o princípio da soberania, e como destinatário priorizou a pessoa humana, na feliz expressão do jurista Celso Antonio Pacheco Fiorillo.[118] Como garantia constitucional, é evidente que nenhuma norma infraconstitucional pode ignorar o quadro axiológico posto, e todas as normas devem ser editadas e interpretadas à luz dos princípios e normas constitucionais.

Na mesma linha da Lei nº 6.938/81 – Lei da Política Nacional do Meio Ambiente –, a Constituição Federal de 1988 dispôs sobre o meio ambiente como elemento essencial à sadia qualidade de vida. Daí poder-se concluir que o ambiente é definido como equilibrado na medida em que possibilite uma vida saudável e digna. Não estabeleceu, contudo, uma definição de meio ambiente ecologicamente equilibrado para manter os estoques dos bens ambientais ou para garantir a sua reposição, segundo a capacidade de regeneração da própria natureza ou por meios artificiais.

Conforme Paulo de Bessa Antunes,[119] nossa legislação, do mesmo modo que deixou de tipificar meio ambiente ecologicamente equilibrado, não precisou o conceito de sadia qualidade de vida – para atender à necessidade e à evolução do homem em seu tempo e lugar, esta

---

[118] FIORILLO, Celso Antonio Pacheco. *O Direito de Antena em face do Direito Ambiental no Brasil*. São Paulo: Saraiva, 2000, p. 65.

[119] "A legislação brasileira não possui um conceito normativo de qualidade de vida, como ocorre em outros países. Portanto, o conceito de qualidade de vida deverá ser preenchido casuisticamente, seja pela autoridade administrativa – que deverá buscar compreendê-la de forma a poder pautar a sua ação administrativa –, seja pela autoridade judiciária, que deverá levá-la em consideração. Entretanto, é importante observar que o § 1º do art. 225 definiu um programa de ações que deverão ser desempenhadas pelo poder público com vistas a assegurar o exercício do Direito ao meio ambiente ecologicamente equilibrado, para esta e para as futuras gerações." ANTUNES, Paulo de Bessa. *Dano Ambiental: Uma Abordagem Conceitual*. Rio de Janeiro: Lumen Juris, 2000, p. 167.

definição fica em aberto. Em outras palavras, o conceito deverá ser buscado no caso concreto. De outra forma, a tipificação estaria engessada pelo legislador, o que não é recomendável, sob pena de cristalização do direito, o que impediria a sua própria evolução.

Todavia, o atendimento ao disposto na legislação constitucional ambiental evolui na proporção em que é institucionalizado o Estado de Direito. José Luís Bolzan de Morais[120] define o Estado de Direito como aquele que tem como limite os direitos fundamentais – *in casu,* o direito ao meio ambiente ecologicamente equilibrado é um deles. É aquele que possui condições de propiciar ao homem uma vida saudável, segundo os paradigmas de um tempo e de um espaço geográfico. A partir desta definição, o conceito constitucional de meio ambiente ecologicamente equilibrado deve ser assegurado em conjugação com sua condição de bem essencial à sadia qualidade de vida, pois está vinculado ao direito ao meio ambiente ecologicamente equilibrado.

Para proteger o meio ambiente e pugnar pelo seu equilíbrio no sistema legislativo ambiental, o Poder Público deve intervir na atividade econômica. Neste mister, como reflexo do que dispõe a Constituição Federal sobre o meio ambiente, o direito de propriedade, antes absoluto, atualmente encontra restrições fundamentadas no interesse público, de forma que o caráter privado cedeu espaço ao público, em prol da coletividade. Assim, à luz do direito ambiental, a constitucionalização do direito ao ambiente ecologicamente equilibrado apresenta-se como um direito subjetivo da humanidade e, nesta qualidade, inalienável e indisponível. A Constituição, em seu art. 225, *caput,* incluiu o direito ao meio ambiente no rol dos direitos fundamentais.

Ao dispor sobre os *Princípios Gerais da Atividade Econômica,*[121] a Constituição do Brasil de 1988 colocou a defesa do meio ambiente

---

[120] "Assim, o Estado de Direito não se apresenta apenas sob uma forma jurídica calcada na hierarquia das leis, ou seja, ele não está limitado apenas a uma concepção de ordem jurídica mas, também, a um conjunto de direitos fundamentais próprios de uma determinada tradição." MORAIS, José Luis Bolzan de. *Do Direito Social aos Interesses Transindividuais.* Porto Alegre: Livraria do Advogado, 1996, p. 68.

[121] "Art. 170. A ordem econômica, fundada na valorização do trabalho humano e na livre iniciativa, tem por fim assegurar a todos existência digna, conforme os ditames da justiça social, observados os seguintes princípios:
(...)
II – propriedade privada;
(...)
VI – defesa do meio ambiente;"

na mesma hierarquia do direito à propriedade privada. Constituciona-lizou o princípio da defensividade que se manifesta, por sua vez, por meio dos princípios da prevenção e precaução, nos quais serão locali-zados basicamente os fundamentos da proteção do meio ambiente eco-logicamente equilibrado.

3. Meio Ambiente – Direito e Dever Fundamental

3.1. Aspectos gerais e pressupostos do Direito Fundamental ao Meio Ambiente ecologicamente equilibrado

O direito ao meio ambiente ecologicamente equilibrado no Brasil, a exemplo de outros países, é apresentado e estruturado como direito fundamental por ser essencial à sadia qualidade de vida; e tem como meta, entre outras, a defesa dos recursos ambientais de uso comum, ou seja, o patrimônio da humanidade, necessários para uma vida digna. Este direito é portador de uma mensagem de interação entre o ser humano e a natureza para que se estabeleça um pacto de harmonia e de equilíbrio. Ou seja, um novo pacto: homem e natureza. Fixada sua importância, passa a ser reconhecido como direito fundamental, embora não conste como tal no catálogo destes direitos.

A proteção ambiental projeta-se direta ou indiretamente no domínio dos direitos fundamentais e relaciona-se diretamente com a própria dignidade da vida em um Estado Democrático de Direito. Liliana Allodi Rossit[122] afirma ser o direito ao meio ambiente ecologicamente equilibrado um direito fundamental da pessoa humana. Em outras palavras, é fundamental por ser essencial à vida humana, conforme também se infere da leitura de José Carlos Vieira de Andrade.[123]

---

[122] "Não é demais assinalar que o direito ao meio ambiente equilibrado constitui-se em direito fundamental da pessoa humana, ainda que não figure expressamente no art. 5º da Carta de 1988, justamente porque visa à sadia qualidade de vida, ou, em outras palavras, visa a assegurar direito fundamental que é a vida." ROSSIT, Liliana Allodi. *O Meio Ambiente de Trabalho no Direito Ambiental Brasileiro.* São Paulo: LTr, 2001, p. 55.

[123] "Os direitos fundamentais têm de ser ainda, como o nome exige, fundamentais. Referimo-nos aqui, naturalmente, à fundamentabilidade do ponto de vista material, que corresponde à sua importância para a salvaguarda da dignidade humana num certo tempo e lugar, definida, por isso,

À concepção de direito fundamental ao meio ambiente ecologicamente equilibrado somam-se as afirmações de Jacson Corrêa,[124] para quem este direito é um direito fundamental ligado à proteção da vida humana e ao direito de existir do homem. Ainda é preciso dizer que sua concretização exige o concurso do Estado e do indivíduo. O princípio deste direito fundamental origina-se do texto constitucional e foi reconhecido pela Declaração do Meio Ambiente, na Conferência das Nações Unidas, em Estocolmo (junho de 1972).

Em princípio, o processo de construção dessas considerações modificou conceitos seculares de institutos jurídicos – tais como o direito de propriedade que incorporou as funções social e ambiental. Além disso, não aconteceu dissociado da evolução científica ou do desenvolvimento tecnológico da humanidade na busca de sua sobrevivência sobre a Terra, isto é, na busca do desenvolvimento sustentável. A propósito desta relação, observa Wambert Gomes Di Lorenzo[125] que o pensamento apresenta uma evolução proporcional ao desenvolvimento científico e tecnológico do ser humano.

A noção de proporcionalidade revela a necessidade de compatibilizar o direito com os fatos econômicos, sob pena de ruptura do sistema que depende da harmonia entre seus elementos para proporcionar a estabilidade necessária ao próprio desenvolvimento à luz de novos paradigmas jurídicos. A realidade dos fatos inclui uma transformação que não é apenas uma opção, mas que deveria influenciar qual-

---

de acordo com a consciência jurídica geral da comunidade. Como dissemos, os direitos formalmente inscritos na Constituição devem presumir-se, salvo prova em contrário, direitos fundamentais do ponto de vista material". ANDRADE, José Carlos Vieira de. *Os Direitos Fundamentais na Constituição Portuguesa de 1976*. Coimbra: Almedina, 1987, p. 186.

[124] "Decorre daí a compreensão de que o direito ao meio ambiente ecologicamente equilibrado é um direito fundamental fortemente ligado a um bem jurídico maior, a proteção à vida humana e ao direito de existir do homem, cuja concretização exige o concurso solidário do Estado e do cidadão: o primeiro, fornecendo os instrumentos indispensáveis à garantia deste direito; o segundo, diligenciando e participando das iniciativas necessárias à sua consecução". CORRÊA, Jacson. *Proteção Ambiental & Atividade Minerária*. Curitiba: Juruá, 2003, p. 37-38.

[125] "O pensamento apresenta uma evolução proporcional ao desenvolvimento científico e tecnológico do próprio homem. Cresce essa faculdade coletiva, sobretudo na capacidade de se avaliar e produzir regras que possibilitem o crescimento da ciência e tecnologia sem prejuízo do seu bem-estar e da sua própria sobrevivência sobre a terra. É o desenvolvimento sustentável do qual a ciência não ficou à parte, inverso, é o direito, com todos os seus ramúsculos, que dá suporte à ética sócio-ambiental hodierna e a ultramoderna epistemologia do Meio Ambiente." LORENZO, Wambert Gomes Di. *A Tutela Ambiental Moderna e as RES HUMANI JURIS: um Estudo Comparado*. Revista do Curso de Direito da UFMA, v. 4, nº. 2. São Luiz do Maranhão. 1999, p. 113.

quer teoria conexa, uma vez que está bem aí, no cerne da relação homem-natureza.

O processo de evolução do sistema jurídico cria novos institutos que se amoldam à cultura e aos fatos econômicos – e o direito ao meio ambiente ecologicamente equilibrado não foge à regra. Com a positivação do direito ambiental, são criados novos conceitos sociojurídicos, cuja função é a de tipificar direitos e obrigações ambientais. Mas é fundamental observar que os conceitos não são neutros – isto é, eles representam uma realidade diante da qual nos posicionamos. Os juristas, ao adotar um conceito, o fazem segundo sua cultura e seu tempo. Portanto, ao ser formulado, o conceito passa a representar um ponto de vista assumido a partir de um conjunto de idéias que lhes dá sentido. E sempre é assim: todo o conceito integra o sentido que possa vir a ter.

Além de receber empregos mais diversos e adquirir todo o tipo de sentido, na doutrina alienígena e na doutrina nacional, os juristas utilizam amplamente expressões, como "direitos humanos", "direitos do homem", "direitos subjetivos públicos", "liberdades públicas", "direitos individuais", "liberdades fundamentais" e "direitos humanos fundamentais", para se referirem ao direito fundamental do homem. Cada uma das expressões define o conceito de uma época e, portanto, depende do momento histórico em que surgiu, como será tratado em particular, quando da análise dos direitos de primeira, segunda e terceira gerações – posicionamento adotado por Ingo Wolfgang Sarlet.[126]

A expressão "direitos fundamentais", pela qual optou esse autor,[127] deve ser aplicada aos direitos do homem, reconhecidos e positivados nas constituições. Em igual sentido, Gomes Canotilho[128] fundamenta que a expressão trata dos direitos da pessoa humana, garantidos e limitados no tempo e no espaço. Jorge Miranda[129] explica

---

[126] "Não há como olvidar, neste contexto, que a opção do Constituinte, ao erigir certa matéria à categoria de direito fundamental, se baseia na efetiva importância que aquela possui para a comunidade em determinado momento histórico, circunstância esta indispensável para que determinada posição jurídica possa ser identificada como fundamental". SARLET, Ingo Wolfgang. *A Eficácia dos Direitos Fundamentais*. 2ª ed. Porto Alegre: Livraria do Advogado, 2001, p. 96.

[127] SARLET, Ingo Wolfgang. *Op.cit.*, p. 33.

[128] "Os direitos do homem arrancariam da própria natureza humana e daí o seu caráter inviolável, intemporal e universal; os direitos fundamentais seriam os direitos objectivamente vigentes numa ordem jurídica concreta." CANOTILHO, José Joaquim Gomes. *Direito Constitucional e Teoria da Constituição*. 4ª ed. Coimbra: Livraria Almedina, 2000, p. 387.

[129] MIRANDA, Jorge. *Manual de Direito Constitucional – Tomo IV*. Coimbra: Coimbra Editora, 1988, p. 48.

que a locução *direitos fundamentais* é a preferida pela doutrina e pelas constituições. Conforme Manoel Gonçalves Ferreira Filho,[130] é um direito estabelecido pela natureza humana, imutável e universal. O termo *direito fundamental* é utilizado nesta obra, assim como em outros textos já mencionados, pois o direito ao meio ambiente ecologicamente equilibrado é fundamental à sadia qualidade de vida e à vida com dignidade.

Em sua condição de direito fundamental, o direito ao meio ambiente ecologicamente equilibrado para garantir a sadia qualidade de vida é exercido também contra os detentores do poder econômico e social, e não mais como direito de defesa do indivíduo na sua esfera pessoal. Ingo Wolfgang Sarlet,[131] ao tratar dos direitos fundamentais sociais na Constituição de 1988, traça um paralelo entre esses direitos fundamentais e os direitos humanos. Para o autor, os direitos fundamentais são aqueles reconhecidos pelo direito constitucional positivo; enquanto os direitos humanos são aqueles não reconhecidos pelo sistema legislativo de um povo.

Portanto, o direito ao meio ambiente ecologicamente equilibrado, embora seja direito humano, é também direito fundamental, cujos titulares são as pessoas sob a jurisdição do Estado brasileiro; e o direito ao ambiente, na condição de direito humano, é universal. Diante desta comparação, juridicamente é correto inferir que o direito ao meio ambiente ecologicamente equilibrado é direito fundamental, com as-

---

[130] "Trata-se de um Direito estabelecido pela natureza (nesse sentido é um Direito natural), que por ser fruto desta é também próprio a todos os tempos (imutável, portanto) e a todos os lugares (universal)." FERREIRA FILHO, Manoel Gonçalves. *Estado de Direito e Constituição*. São Paulo: Saraiva, 1999, p. 13.

[131] "Cientes da ausência de um consenso até mesmo na esfera terminológica e conceitual, acabamos por optar pela terminologia 'Direitos Fundamentais', aderindo à formula adotada pelo Constituinte (na epígrafe do Título II da nossa Carta), que, por sua vez, se harmoniza com a tendência identificada no constitucionalismo mais recente, principalmente a partir da Lei Fundamental da Alemanha, de 1949. Além disso, cumpre frisar o caráter anacrônico e substancialmente insuficiente dos demais termos habitualmente utilizados na doutrina nacional e estrangeira, visto que, ao menos em regra, atrelados a categorias específicas do gênero direitos fundamentais. Ademais, sustentamos ser correta a distinção traçada entre os direitos fundamentais (considerados como aqueles reconhecidos pelo direito constitucional positivo e, portanto, delimitados espacial e temporalmente) e os assim denominados 'Direitos Humanos' que, por sua vez, constituem as posições jurídicas reconhecidas na esfera do direito internacional positivo ao ser humano como tal, independentemente de sua vinculação com determinada ordem jurídico-positiva interna." SARLET, Ingo Wolfgang. *Os Direitos Fundamentais Sociais na Constituição de 1988*. In: *O Direito Público Em Tempos de Crise. Estudos em Homenagem a Ruy Ruben Ruschel*. SARLET, Ingo Wolfgang (org.). Porto Alegre: Livraria do Advogado, 1999, p. 138-139.

sento na Constituição do Brasil, a exemplo das legislações estrangeiras citadas, quando foi apresentada a evolução do direito ambiental.

Para constitucionalizar este direito fundamental, foram incorporados às legislações, entre outros valores, o da dignidade da pessoa humana e o da sadia qualidade de vida – princípios que, ao lado do direito ao meio ambiente, asseguram a vida. O direito ao meio ambiente ecologicamente equilibrado encontra-se no abrigo do direito e está diretamente relacionado com o de soberania do Estado brasileiro, além dos valores acima citados. Nesta acepção, como bem sustenta Ingo Wolfgang Sarlet,[132] os direitos fundamentais são a concretização do princípio fundamental da dignidade da pessoa humana – princípio que também é basilar para o sistema ambiental-econômico.

Na sua tipificação como direito fundamental, o direito ao meio ambiente ecologicamente equilibrado possui as perspectivas subjetiva e objetiva. Ingo Wolfgang Sarlet[133] sustenta que os direitos fundamentais revelam uma dupla perspectiva. No mesmo sentido, José Carlos Vieira de Andrade[134] destaca que os direitos fundamentais, como categoria jurídica, têm dupla dimensão, o que reforça a tese de o direito ao meio ambiente ecologicamente equilibrado ter uma dupla perspectiva ou dimensão. Nesta condição, não pode ser pensado apenas do ponto de vista individual ou privado: deve também ser considerado a partir do ponto de vista da coletividade por se tratar de direito assegurado às presentes e futuras gerações. O direito ao meio ambiente é revelador de normas que vão além da relação jurídica indivíduo-Estado.

---

[132] "A idéia de que os direitos fundamentais integram um sistema no âmbito da Constituição foi objeto de recente referência na doutrina pátria, com base no argumento de que os direitos fundamentais são, em verdade, concretizações do princípio fundamental da dignidade da pessoa humana, consagrado expressamente em nossa Lei Fundamental." SARLET, Ingo Wolfgang. *A Eficácia dos Direitos Fundamentais*. 2ª ed. Porto Alegre: Livraria do Advogado, 2001, p. 75.

[133] "A constatação de que os direitos fundamentais revelam dupla perspectiva, na medida em que podem, em princípio, ser considerados tanto como direitos subjetivos individuais, quanto elementos objetivos fundamentais da comunidade, constitui, sem sombra de dúvidas, uma das mais relevantes formulações do direito constitucional contemporâneo, de modo especial no âmbito da dogmática dos direitos fundamentais." SARLET, Ingo Wolfgang. *Op.cit.*, p. 141.

[134] "Como já se disse, a diferença entre a matéria de direitos fundamentais e os 'direitos fundamentais' como categoria jurídica não radica apenas no facto de alguns dos respectivos preceitos constitucionais não conferirem quaisquer direitos, estabelecendo somente princípios objectivos destinados a garantir direitos individuais: essa diferença resulta ainda de se reconhecer às normas que prevêem posições jurídicas subjectivas uma função autônoma que ultrapassa essa previsão ou, como também de diz, de os direitos fundamentais terem uma dupla dimensão". ANDRADE, José Carlos Vieira de. *Op.cit.*, p. 144.

O Direito ao Meio Ambiente
ECOLOGICAMENTE EQUILIBRADO COMO DIREITO FUNDAMENTAL

Significa dizer que o meio ambiente ecologicamente equilibrado – bem de uso comum do povo, núcleo do direito fundamental – pertence à humanidade. Mas admite uma dimensão individual excludente e egoística que poderá estar dissociada do interesse social. Excludente, porque para o titular deveria prevalecer o interesse individual em detrimento do coletivo. Na condição jurídica de patrimônio da humanidade, o ambiente impõe o dever de proteger e de poupar os recursos ambientais – e necessita da intervenção estatal para tal mister. Como interesse difuso e coletivo, determina ao Poder Público a obrigação, entre outras, de fiscalizar as atividades poluidoras ou potencialmente poluidoras, limitando ou proibindo o uso dos recursos ambientais.

A perspectiva objetivo-valorativa, ainda seguindo os ensinamentos de Ingo Wolfgang Sarlet,[135] contém uma ordem objetiva de valores que irradia sobre o direito e que é dirigida ao Estado para a concretização e realização do direito ao meio ambiente ecologicamente equilibrado. Face à eficácia dos direitos fundamentais, o Poder Público passa a ter o dever de defender o meio ambiente ecologicamente equilibrado que, visto sob a perspectiva subjetiva, é interesse individual; e, visto sob a perspectiva objetiva, é também direito subjetivo coletivo transindividual.

O efeito mais ligado à dimensão objetiva é o efeito externo que determina o respeito à norma. Conforme José Carlos Vieira de Andrade,[136] este respeito ou a "eficácia irradiante" dos direitos fundamentais se expressa pela sua dimensão objetiva de princípios fundamentais normativos constitucionais. Sustenta Ricardo Lobo Torres[137] que o

---

[135] "Outro desdobramento estreitamente ligado à perspectiva objetivo-valorativa dos direitos fundamentais diz com o que se poderia denominar de eficácia dirigente que estes (inclusive os que precipuamente exercem a função de direitos subjetivos) desencadeiam em relação aos órgãos estatais. Neste contexto é que afirma conterem os direitos fundamentais uma ordem dirigida ao Estado no sentido de que a este incumbe a obrigação permanente de concretização e realização dos direitos fundamentais". SARLET, Ingo Wolfgang. *Op.cit.*, p. 147.

[136] "Um outro efeito que parece estar mais ligado à dimensão objectiva é o efeito externo dos direitos fundamentais, ou seja, a obrigação geral de respeito resultante dos preceitos respectivos e que vale nas relações entre os particulares. De facto, pelo menos quanto às relações entre indivíduos iguais (isto é, onde não há relações de poder), parece que a 'eficácia irradiante' dos direitos fundamentais se baseia e se exprime pela sua dimensão objectiva de princípios normativos constitucionais". ANDRADE, José Carlos Vieira de. *Op.cit.*, p. 169.

[137] "Alguns direitos humanos se afirmam de modo coletivo ou difuso. É o caso, por exemplo, dos direitos ecológicos: o meio ambiente também participa do rol dos direitos fundamentais. O direito da natureza é expressão moderna do direito natural, que pertence indistintamente a todos os homens, pois que os rios e as florestas não possuem direitos em nome próprio. A pessoa humana é que tem o direito inalienável de viver em meio ambiente sadio e de ver por todos

direito fundamental ao ambiente decorre do direito natural que pertence a todos, pois a natureza não possui direitos em nome próprio. Ou seja, o direito e os deveres são atribuídos ao ser humano, sujeito de direito e de obrigações. Para Ingo Wolfgang Sarlet,[138] a dimensão axiológica da função objetiva dos direitos fundamentais decorre da idéia de que estes incorporam e expressam valores objetivos da comunidade. Ainda segundo o autor, os direitos fundamentais têm sua eficácia valorada sob o ponto de vista individual e da coletividade. Explicita ainda o autor que esta conclusão é a mesma da doutrina estrangeira: o exercício dos direitos individuais está condicionado ao reconhecimento pela comunidade e por esta razão legitima restrições aos direitos subjetivos individuais. Sustenta o autor[139] citado que outra importante função deferida aos direitos fundamentais, desenvolvida como um dever geral de efetivação pelo Estado, agregado à perspectiva objetiva dos direitos fundamentais, é o reconhecimento de deveres de proteção, o que se alia com a imposição de defesa da qualidade ambiental imposta ao Poder Público pela Constituição Federal de 1988.

---

respeitada a natureza que o cerca." TORRES, Ricardo Lobo. *A Cidadania Multidimensional na Era dos Direitos.* In: *Teoria dos Direitos Fundamentais.* TORRES, Ricardo Lobo (org.). Rio de Janeiro: Renovar, 1999, p.295-296.

[138] "Como uma das implicações diretamente associadas à dimensão axiológica da função objetiva dos direitos fundamentais, uma vez que decorrente da idéia de que estes incorporam e expressam determinados valores objetivos fundamentais da comunidade, está a constatação de que os direitos fundamentais (mesmo os clássicos direitos de defesa) devem ter sua eficácia valorada não só sob o ângulo individualista, isto é, com base no ponto de vista da pessoa individual e sua posição perante o Estado, mas também sob o ponto de vista da sociedade, da comunidade na sua totalidade, já que se cuida de valores e fins que esta deve respeitar e concretizar. Com base nesta premissa, a doutrina alienígena chegou à conclusão de que a perspectiva objetiva dos direitos fundamentais constitui função axiologicamente vinculada, demonstrando que o exercício dos direitos subjetivos individuais está condicionado, de certa forma, ao seu reconhecimento pela comunidade na qual se encontra inserido e da qual não pode ser dissociado, podendo falar-se, neste contexto, de uma responsabilidade comunitária dos indivíduos. É neste sentido que se justifica a afirmação de que se a perspectiva objetiva dos direitos fundamentais não só legitima restrições aos direitos subjetivos individuais com base no interesse comunitário prevalente, mas também que, de certa forma, contribui para a limitação do conteúdo e do alcance dos direitos fundamentais, ainda que deva sempre ficar preservado o núcleo essencial destes." SARLET, Ingo Wolfgang. *Op.cit.*, p. 146.

[139] "Outra importante função atribuída aos direitos fundamentais e desenvolvida com base na existência de um dever geral de efetivação atribuído ao Estado, por sua vez agregado à perspectiva objetiva dos direitos fundamentais do Estado, no sentido de que a este incumbe zelar, inclusive preventivamente, pela proteção dos direitos fundamentais dos indivíduos não somente contra os poderes públicos, mas também contra agressões provindas de particulares e até mesmo de outros Estados. Esta incumbência, por sua vez, desemboca na obrigação de o Estado adotar medidas positivas da mais diversa natureza (por exemplo, por meio de proibições, autorizações, medidas legislativas de natureza penal, etc.), com o objetivo precípuo de proteger de forma efetiva o exercício dos direitos fundamentais." SARLET, Ingo Wolfgang. *Op.cit.*, p. 149-150.

O Direito ao Meio Ambiente
ECOLOGICAMENTE EQUILIBRADO COMO DIREITO FUNDAMENTAL

Conforme José Diniz de Moraes,[140] o Estado moderno tem por missão a defesa dos interesses sociais – entre os quais está inscrito o direito ao meio ambiente ecologicamente equilibrado. Para tornar possível a defesa desses interesses, o Estado progressivamente passou a intervir na atividade econômica, regulamentando e limitando o uso dos bens ambientais – em que não estão inseridos nem os bens públicos, na condição de bens de patrimônio público e de propriedade do Estado, nem os bens particulares porque são bens que pertencem à humanidade.

A mesma idéia é defendida por Liliana Allodi Rossit.[141] Para a autora,[142] os bens ambientais têm como característica básica serem bens de uso comum do povo – situação jurídica que impede a apropriação de alguns bens tais como o ar, os rios, os mares e as praias. Nessa tarefa de limitar e de regulamentar o uso dos bens ambientais, o Poder Público definitivamente ultrapassa as suas condições seculares de polícia, fixando limites às atividades econômicas, assegurando garantias fundamentais à pessoa humana, impondo condutas e regulamentando atividades. Ou seja, estabelece direitos e deveres em relação ao meio ambiente. Mas é preciso ver que não basta definir direitos sem a eficácia do direito fundamental.

Além do valor inquestionável da natureza para a vida, devem ser evitados riscos ao equilíbrio ambiental. Sob a perspectiva jurídico-objetiva do direito fundamental, a meta posta pelo legislador brasileiro é a de melhorar e recuperar a qualidade ambiental propícia à vida. Para José Afonso da Silva,[143] isso significa que, num primeiro momento, o meio ambiente deve ser tutelado; e, num segundo momento, a saúde,

---

[140] MORAES, José Diniz de. *A Função Social da Propriedade e a Constituição Federal de 1988*. São Paulo: Malheiros, 1999, p. 19.

[141] "Há, portanto, uma categoria de bens que não está inserida no conceito de bens públicos, no sentido de bens de patrimônio público, cujo titular é o Estado – que são os de uso especial e os dominicais (CC, art. 66, II e III) –, nem no de bens particulares, porque são bens que pertencem, ao mesmo tempo, a todos e a ninguém. Em outras palavras, são bens difusos." ROSSIT, Liliana Allodi. *Op.cit.*, p. 31.

[142] "A característica básica do bem ambiental é a de ser, pois, como vimos, bem de uso comum, definição esta que implica não ser ele passível de apropriação e, além disso, essencial à sadia qualidade de vida, situação que revela que a Carta Política de 1988 adotou o conceito de meio ambiente estabelecido na Lei n. 6.938/81". ROSSIT, Liliana Allodi. *Op.cit.*, p. 40.

[143] "O objeto de tutela jurídica não é tanto o meio ambiente considerado nos seus elementos constitutivos. O que o Direito visa a proteger é a qualidade do meio ambiente em função da qualidade de vida. Pode-se dizer que há dois momentos de tutela, no caso: um imediato, que é a qualidade do meio ambiente; e outro mediato, que é a saúde, o bem-estar e a segurança da população, que se vem sintetizando na expressão 'qualidade de vida'." SILVA, José Afonso da. *Op.cit.*, p. 81.

o bem-estar e a segurança devem ser assegurados à população. Para tanto, a Lei n° 6.938/81, da Política Nacional do Meio Ambiente, em seu art. 2°, dispôs como política ambiental estatal preservar, melhorar e recuperar a qualidade ambiental propícia à vida com qualidade, e garantir condições ao desenvolvimento social e econômico, isto é, objetivar o desenvolvimento sustentável. Estas determinações conduzem a um pacto de não-agressão à Terra: deve-se retirar dela apenas o necessário para não comprometer sua capacidade de regeneração – e para conseqüentemente não romper sua harmonia.

Enquanto a legislação é aperfeiçoada e implementada, continuam ocorrendo danos aos recursos ambientais, que não podem sequer ser mensurados – significa dizer que não se pode saber qual é a capacidade que a Terra possui para suportá-los. Paira sobre a humanidade a ameaça de destruição das condições para uma vida saudável. Ainda que o paradigma do direito ao meio ambiente ecologicamente equilibrado – direito fundamental – ilumine a legislação ambiental, sua aplicabilidade depende também da adequação do sistema jurídico às dimensões econômicas e sociais.

Compatibilizar a legislação ambiental com a econômica requer a interpretação sistemática do direito e dos fatos sociais, adequando-a à época e ao contexto desejado. Nesse contexto, é revelado não só o direito ao meio ambiente – fundamental e essencial à sadia qualidade de vida e à dignidade da pessoa humana –, como também o dever e a missão do Poder Público em garanti-lo.

Na condição jurídica de direito fundamental, as normas definidoras do direito ao meio ambiente ecologicamente equilibrado classificam o bem jurídico meio ambiente como inalienável e indisponível tanto ao Poder Público quanto aos particulares, o que legitima a defesa judicial. O meio ambiente ecologicamente equilibrado é capitulado como um direito subjetivo da humanidade, já que, segundo Paulo de Bessa Antunes,[144] no sistema constitucional brasileiro, a Constituição, em seu art. 225, *caput,* incluiu o direito ao meio ambiente ecologicamente equilibrado no rol dos direitos fundamentais, garantidos pelo Poder Judiciário.

---

[144] "Como é elementar, o artigo 5° da Constituição Federal cuida dos direitos e garantias individuais. Ora, se é uma garantia fundamental do cidadão a existência de uma ação constitucional com a finalidade de defesa do meio ambiente, tal fato ocorre em razão de que o direito ao desfrute das condições saudáveis do meio ambiente é, efetivamente, um direito fundamental do ser humano". ANTUNES, Paulo de Bessa. *Direito Ambiental.* 6ª. ed. Rio de Janeiro: Lumen Juris, 2002, p. 20.

3.2. As gerações de direitos

Na evolução da primeira à terceira geração – do direito individual ao direito transindividual –, os direitos de solidariedade vinculados ao desenvolvimento e ao meio ambiente ecologicamente equilibrado vão, como conseqüência natural, alterar profundamente o sistema jurídico brasileiro. São reveladas novas concepções, adotados outros posicionamentos e é determinado um equilíbrio diferente entre as forças sociais. Na interpretação de José Luís Bolzan de Morais,[145] é considerada a transposição dos direitos individuais de primeira geração aos coletivos e aos difusos – se é interesse difuso, é direito transindividual e, portanto, inalienável – como interesses de toda a coletividade. Por isso, os interesses difusos exigem uma intervenção ativa do Poder Público. Os direitos de terceira geração são caracterizados como direito comunitário conforme definição de José Luís Bolzan de Morais.[146] No mesmo sentido leciona Ingo Wolfgang Sarlet.[147] A transposição do individual ao transindividual, subdividida em três gerações, é produto da evolução do direito.

Como sistema jurídico aberto, os direitos podem ser examinados em *gerações sucessivas* porque passaram por transformações, sofreram mutações quanto ao seu conteúdo, às suas titularidades, à eficácia e à efetividade, como observa Ingo Wolfgang Sarlet.[148] Segundo o autor,

---

[145] "Percebe-se neste percurso a transposição dos chamados direitos de primeira geração (direitos da liberdade), circunscritos às liberdades negativas como oposição à atuação estatal, para os da segunda geração (direitos sociais, culturais e econômicos), vinculados à positividade da ação estatal e preocupados com a questão da igualdade, aparecem como pretensão a uma atuação corretiva por partes dos Estados e, posteriormente, os de terceira geração que se afastam consideravelmente dos anteriores por incorporarem, agora sim, um conteúdo de universalidade não como projeção, mas como compactação, comunhão, como direitos de solidariedade, vinculados ao desenvolvimento, à paz internacional, ao meio ambiente saudável, à comunicação." MORAIS, José Luis Bolzan. *Op.cit.,* p. 162.

[146] "São interesses que atinam a toda a coletividade; são interesses ditos metaindividuais, para nós, transindividuais, como veremos a seguir. São direitos que se referem a categorias inteiras de indivíduos e exigem uma intervenção ativa, não somente uma negação, um impedimento de violação – exigem uma atividade. Ao contrário do Direito excludente, negativo e repressivo de feitio liberal, temos um Direito comunitário, positivo, promocional de cunho transformador." MORAIS, José Luis Bolzan. *Op.cit.,* p. 96.

[147] "A nota distintiva destes direitos da terceira dimensão reside basicamente na sua titularidade coletiva, muitas vezes indefinida e indeterminável, o que se revela, a título de exemplo, especialmente na direito ao meio ambiente e qualidade de vida, o qual, em que pese ficar preservada sua dimensão individual, reclama novas técnicas de garantia e proteção". SARLET, Ingo Wolfgang. *Op.cit.,* p. 53.

[148] "Desde o seu reconhecimento nas primeiras Constituições, os direitos fundamentais passaram por diversas transformações, tanto no que diz com o seu conteúdo, quanto no que concerne à sua titularidade, eficácia e efetivação." SARLET, Ingo Wolfgang. *Op.cit.,* p. 48-49.

a expressão "geração" sofreu críticas porque pode ensejar ao leitor a falsa impressão da substituição paulatina de uma geração pela outra, razão pela qual preferiu a expressão "dimensão". Na verdade, por se entender que tanto o termo "gerações" como o termo "dimensões" indica evolução, nesta obra foi dada preferência à expressão "gerações", pois a discordância é meramente terminológica, como reconhece Ingo Wolfgang Sarlet.[149]

É preciso inicialmente observar que nesta evolução, conforme refere com muita propriedade Ingo Wolfgang Sarlet,[150] as gerações são complementadas através de um processo cumulativo no qual uma geração não substitui a outra – o que significa dizer que cada geração é a expressão de um momento histórico. São entendidas como formações sucessivas: as gerações mais recentes têm como pressuposto os ensinamentos das gerações anteriores. É evidente que uma não exclui a outra. Por exemplo, o direito de propriedade, que antes era considerado absoluto e excludente, hoje é exercido em consonância com a observação das funções social e ambiental dos bens ambientais.

Esse posicionamento também é compartilhado por José Afonso da Silva.[151] Em cada geração, os direitos gestados aparecem numa ordem jurídica que traz direitos das gerações anteriores. Eles nascem e sofrem mutações. Assumem outra dimensão: os direitos da geração mais recente tornam-se um pressuposto para entender de forma mais adequada, os da geração anterior – e, conseqüentemente também para melhor realizá-los. Para exemplificar, o direito individual de propriedade, num contexto em que é reconhecida a terceira geração dos direitos fundamentais, só pode ser exercido se forem observadas suas funções social e ambiental.

No aperfeiçoamento do sistema que levou ao reconhecimento dos direitos fundamentais, a primeira geração dos direitos do homem mar-

---

[149] "Ressalte-se, todavia, que a discordância reside essencialmente na esfera terminológica, havendo, em princípio, consenso no que diz com o conteúdo das respectivas dimensões e 'gerações' de direitos, já até se cogitando de uma quarta dimensão." SARLET, Ingo Wolfgang. *Op.cit.,* p. 49.

[150] "Com efeito, não há como negar que o reconhecimento progressivo de novos direitos fundamentais tem o caráter de um processo cumulativo, de complementariedade, e não de alternância." SARLET, Ingo Wolfgang. *Op.cit.,* p. 49.

[151] "Bem se sabe que os direitos fundamentais são históricos: nascem e se transformam. Apareceram com a revolução burguesa e evoluíram, ampliaram-se, com o correr dos tempos. A cada etapa da história novos direitos fundamentais surgem, a ponto de se falar em gerações de direitos fundamentais: direitos de primeira, segunda e terceira gerações." SILVA, José Afonso da. *Fundamentos constitucionais da proteção do meio ambiente.* Revista de Direito Ambiental, nº 27. São Paulo: Revista dos Tribunais, 2002, p. 51.

ca o reconhecimento do *status* de cidadão. O indivíduo começa a ser cada vez mais solicitado a intervir na vida social em prol do bem-estar, ou seja, deixa de ser considerado um súdito do Estado. É a geração em que aparecem as chamadas liberdades públicas, direitos de liberdade, são direitos e garantias dos indivíduos. O Estado não pode, portanto, interferir em sua esfera individual – considerações com as quais concorda José Afonso da Silva.[152]

Com a segunda geração, surgem os direitos sociais que representam as conquistas da nossa civilização ocidental. Como resultado destes avanços, o Estado deve suprir carências da coletividade, tais como a obrigação do Poder Público de prestar assistência médico-hospitalar, assistência social, etc. – esta é a lição deixada por Darcy Azambuja.[153] Para efetivar tais conquistas, devem ser estudadas as manifestações concretas do direito, tal como aparecem não apenas em leis e normas do gênero, mas também – e principalmente – na jurisprudência.

Na terceira geração, são concebidos os direitos à humanidade – isto é, direitos que transcendem o individual e o coletivo. São aqueles em que os interesses individuais ou privados se subordinam a interesses da maioria ou públicos, em prol do bem-estar social. Os direitos fundamentais, não obstante preservem sua dimensão individual, têm como característica a sua titularidade coletiva, muitas vezes indefinida ou indeterminável.[154]

---

[152] "Não tem apenas uma dimensão negativa e garantística, como os direitos individuais, nem apenas uma dimensão positiva e prestacional, como os direitos sociais, porque é, ao mesmo tempo, direito positivo e negativo; porque, de um lado, requer que o poder público seja um garantidor da incolumidade do bem jurídico, ou seja, a qualidade do meio ambiente em função da qualidade de vida. Por isso é que, em tal dimensão, não se trata de um direito contra o Estado, mas de um direito em face do Estado, na medida em que este assume a função de promotor do direito mediante ações afirmativas que criem as condições necessárias ao gozo do bem jurídico chamado qualidade do meio ambiente." SILVA, José Afonso da. *Op.cit.*, p. 52.

[153] "Enquanto que os direitos individuais constituem, em essência, obrigações negativas para o Estado, isto é, a proibição de os poderes públicos agirem contra a vida, a propriedade, a liberdade de locomoção, de culto, de expressão de pensamento dos indivíduos, os direitos sociais são normas de ação, obrigações positivas, para o Estado, de promover, assegurar e melhorar a saúde pública e a assistência social sob todas as formas". AZAMBUJA, Darcy. *Teoria Geral do Estado.* Porto Alegre: Globo, 1973, p. 168.

[154] Ingo Wolfgang Sarlet cita como exemplo de direito fundamental o direito ao meio ambiente e à qualidade de vida. "A nota distintiva destes direitos da terceira dimensão reside basicamente na sua titularidade coletiva, muitas vezes indefinida e indeterminável, o que se revela, a título de exemplo, especialmente no direito ao meio ambiente e qualidade de vida, o qual, em que pese ficar preservada sua dimensão individual, reclama novas técnicas de garantia e proteção." SARLET, Ingo Wolfgang. *Op.cit.*, p. 53.

Além dos aspectos legais circunscritos ao direito ao meio ambiente ecologicamente equilibrado, nesta geração os fatos econômicos e sociais determinam que o Estado também intervenha, com o uso do direito, na ordem econômica para a defesa do patrimônio ambiental de propriedade da humanidade e em prol do desenvolvimento sustentável, cujo requisito básico é a preservação dos recursos ambientais. Daí a imposição da atuação preventiva do Poder Público – orientação doutrinária adotada por José Afonso da Silva.[155] Este dever do Poder Público é um dos atributos do Direito Ambiental.

Nesta geração, o sujeito não é mais considerado o indivíduo nem a coletividade, mas sim o próprio gênero humano, como é o caso do direito à higidez ambiental e do direito dos povos ao desenvolvimento. Tal entendimento pode ser encontrado em lições de vários autores. Para Paulo Bonavides,[156] os direitos de terceira geração emergem da tecnologia, da globalização da economia; emergem também da conscientização de que o homem é um ser planetário e depende do equilíbrio ambiental do planeta para viver em um ambiente sadio. Para José Afonso da Silva,[157] o direito à vida é o núcleo dos demais direitos fundamentais.

Manoel Gonçalves Ferreira Filho,[158] em sua obra sobre os direitos humanos fundamentais, ao tratar do direito ao meio ambiente como de terceira geração, sustentou que, dentre os direitos da terceira geração, o mais elaborado é o direito ao meio ambiente ecologicamente equilibrado, pois é um direito assegurado à pessoa humana e é garantido pelo

---

[155] "(...) a Constituição impõe condutas preservacionistas a quantos possam direta ou indiretamente gerar danos ao meio ambiente. (...) Dá ela ênfase à atuação preventiva, mas não descuida das medidas repressivas, ao exigir a recuperação do meio ambiente degradado por atividades regulares, e especialmente ao sujeitar as condutas e atividades lesivas ao meio ambiente a sanções penais e administrativas, sem prejuízo da obrigação de reparar os danos causados." SILVA, José Afonso da. *Op.cit.,* p. 53.

[156] BONAVIDES, Paulo. *A Constituição Aberta.* 2ª ed. São Paulo: Malheiros, 1996, p. 348.

[157] "As normas ambientais assumiram a consciência de que o direito à vida, como matriz de todos os demais direitos fundamentais do homem é que há de orientar todas as formas de atuação no campo da tutela do meio ambiente. Compreendeu que ele é um valor preponderante, que há de estar acima de quaisquer considerações como as de desenvolvimento, como as de respeito ao direito de propriedade, como as da iniciativa privada. Também esses são garantidos no texto constitucional, mas, a toda evidência, não podem primar sobre o direito fundamental à vida, que está em jogo quando se discute a tutela da qualidade do meio ambiente, que é instrumental no sentido de que, mediante essa tutela, o que se protege é um valor maior: a qualidade de vida humana". SILVA, José Afonso da. *Op.cit.,* p. 53.

[158] FERREIRA FILHO, Manoel Gonçalves. *Direitos Humanos Fundamentais.* São Paulo: Saraiva, 1988, p. 62.

Poder Público como fundamental. Estabelece-se assim um superdireito que se sobrepõe aos direitos de natureza privada.

Com origem nos direitos, nas liberdades e nas garantias ou nos direitos de natureza análoga – tais como o direito à dignidade da pessoa humana –, o direito ao meio ambiente ecologicamente equilibrado é um instrumento através do qual os indivíduos exercem sua defesa – da qualidade ambiental – perante o Poder Público e a atividade econômica privada que o condiciona ou envolve-o em perfeita simbiose, num corpo único. Na leitura e análise decorrentes do art. 225 da Constituição do Brasil, pode-se constatar que o primeiro e mais importante princípio do direito ambiental é o do direito ao meio ambiente ecologicamente equilibrado.

No mesmo sentido, defende Annelise Monteiro Steigleder:[159] o direito ao meio ambiente ecologicamente equilibrado ampliou o conceito de direitos humanos para possibilitar a vida em um ambiente sadio. Como resultado desta ampliação, o direito constitucional evoluiu e reconheceu direitos ao homem através das sucessivas gerações de direitos. Primeiramente é considerado o indivíduo; atualmente são reconhecidos direitos aos grupos e à humanidade. Ao contrário dos direitos subjetivos privados que garantem direitos individuais, os de terceira geração reconhecem direitos fundamentais à humanidade e impõem deveres ao Estado e limitações à atividade econômica, dentre outras.

Para uma perfeita compreensão da evolução do direito através de suas gerações, deve-se atentar para a finalidade dos próprios institutos jurídicos. Cada um deles, em sua criação e implementação na busca da efetividade jurídica e social, encontrou uma razão num determinado momento histórico, a exemplo do direito ao meio ambiente que almeja a sadia qualidade de vida e, em última instância, a defesa da vida em todas as formas. Seguindo esta idéia, o direito fundamental ao meio ambiente ecologicamente equilibrado tem a finalidade de proteger a vida humana e a sadia qualidade de vida, fundamentais à sobrevivência do homem, destinatário do direito.O homem é o centro do sistema

---

[159] "O reconhecimento do direito ao meio ambiente ecologicamente equilibrado pela Declaração de Estocolmo ampliou, desta forma, o conceito de direitos humanos para abranger o direito de viver em um ambiente sadio". STEIGLEDER, Annelise Monteiro. *A Discricionariedade Administrativa e Dever de Proteção do Meio Ambiente*. Revista do Ministério Público do Rio Grande do Sul, nº. 48, Porto Alegre, 2002, p. 275.

jurídico – posição jurídica com que concorda José Afonso da Silva.[160] Assim também decidiu o Supremo Tribunal Federal.[161]

Fernanda Luiza Fontoura de Medeiros[162] expõe, com muita clareza, que a luta pela preservação do ambiente consiste também na preservação do homem na condição de ser individual, social e de pertencer a uma sociedade civil organizada. Para a autora, o direito à proteção ambiental possui ainda uma dimensão humana em harmonia com o desenvolvimento sustentável dos meios tecnológicos, industriais e ações humanas, todos em harmonia e com o objetivo de conservar os recursos ambientais.

Como direito fundamental, o direito ao meio ambiente ecologicamente equilibrado pode ser considerado como princípio conformador do Estado moderno, impondo-lhe deveres, especialmente o exercício do Poder de Polícia para fiscalizar e regulamentar o uso dos recursos ambientais. De acordo com Fernanda Luiza Fontoura de Medeiros,[163]

---

[160] "A pessoa é o centro de imputação jurídica, porque o direito existe em função dela e para propiciar o seu desenvolvimento. Tal concepção enriquece a vida humana é dá uma dimensão, muito para além do indivíduo, à sadia qualidade de vida a que o meio ambiente ecologicamente equilibrado visa garantir, até porque, além dos caracteres de indivíduo biológico, a pessoa tem os de unidade, identidade e continuidade substanciais." SILVA, José Afonso da. *Op.cit.*, p. 54.

[161] "A questão do direito ao meio ambiente ecologicamente equilibrado. Direito de terceira geração. Princípio da solidariedade. O direito à integridade do meio ambiente. Típico direito de terceira geração. Constitui prerrogativa jurídica de titularidade coletiva, refletindo, dentro do processo de afirmação dos direitos humanos, a expressão significativa de um poder atribuído não ao indivíduo identificado em sua singularidade, mas, num sentido verdadeiramente mais abrangente, à própria coletividade social. Enquanto os direitos de primeira geração (direitos civis e políticos) – que compreendem as liberdades clássicas, negativas ou formais – realçam o princípio da liberdade e os direitos de segunda geração (direitos econômicos, sociais e culturais) – que se identificam com as liberdades positivas, reais ou concretas – acentuam o princípio da igualdade, os direitos de terceira geração, que materializam poderes de titularidade coletiva atribuídos genericamente a todas as formações sociais, consagram o princípio da solidariedade e constituem um momento importante no processo de desenvolvimento, expansão e reconhecimento dos direitos humanos, caracterizados, enquanto valores fundamentais indisponíveis, pela nota de uma essencial inexauribilidade. " Considerações doutrinárias. (transcrição parcial de ementa oficial). MS 22164/SP – Tribunal Pleno, rel. Min. Celso de Mello, DJU 17.11.1995, p. 3920). Disponível em: http://www.stf.gov.br

[162] "A luta pela preservação do meio ambiente em que vivemos consiste não-somente na preservação da fauna e da flora, como também na preservação do homem, como ser individual, social e como sociedade civil organizada, assim como na natural inter-relação estabelecida entre eles. Na medida em que a proteção ao meio ambiente é um direito humano fundamental, este busca cumprir a função de integrar os direitos à saudável qualidade de vida, ao desenvolvimento econômico e à proteção dos recursos naturais." MEDEIROS, Fernanda Luiza Fontoura de. *Op. cit.*, p. 54.

[163] "A fundamentalidade material do conteúdo dos direitos fundamentais é, decisivamente, ponto constitutivo das estruturas básicas do Estado e da sociedade." MEDEIROS, Fernanda Luiza Fontoura de. *Op.cit.*, p. 80.

o conteúdo dos direitos fundamentais é o ponto constitutivo das estruturas básicas do Estado e da sociedade, posição jurídica que encontra guarida na própria finalidade do Estado: o bem comum que é assegurado pelo exercício das políticas públicas e atividades do Poder Público, como por exemplo, licenciamentos e fiscalizações como deveres. Em última análise, portanto, o direito ao meio ambiente deve ser entendido como um novo direito fundamental, agente de transformação do próprio direito, em face do surgimento de novos paradigmas que o sustentam.

3.3. Fundamentação do Direito ao Meio Ambiente na Constituição brasileira

Na Constituição do Brasil de 1988, o capítulo do meio ambiente é um dos mais avançados e modernos. Nas duas últimas décadas, o direito ao meio ambiente passou a ser reconhecido como um direito fundamental da pessoa humana e encontra fundamento no art. 225, *caput,* da Constituição do Brasil, embora não figure em seu art. 5º – pois está localizado fora do catálogo. O legislador constituinte brasileiro de 1988 sistematizou a questão ambiental e articulou preceitos e princípios essencialmente de natureza ambiental, conforme reconheceu e sintetizou Uadi Lammêgo Bulos.[164]

A Constituição, segundo este autor,[165] distribuiu a matéria ambiental em quatro áreas distintas – apesar de existir entre elas uma interdependência de intenções. A primeira trata do meio ambiente natural ou físico (terra, água, ar atmosférico, flora e fauna); a segunda,

---

[164] "Esse pioneirismo fez dela um documento essencialmente ambientalista. A pesquisa atenta de seu articulado revela preceitos e princípios, expressos e implícitos, que se aplicam aos assuntos ambientais. São disposições espraiadas no Texto Maior, que permeiam toda a sua estrutura.
Para ilustrar, podem ser citadas as seguintes referências explícitas ao meio ambiente, além dos preceptivos integrantes do capítulo em estudo: arts. 5º, LXXIII, 7º, XXII, 20, 23, 24, 91, § 1º, III, 129, III, 170, VI, 173, § 3º, 186, II, 200, VIII, 216, V, 220 § 3º, II, 231, § 1º. Também exsurgem indicações implícitas, as quais, de modo indireto, impregnam a matéria ambiental: arts. 20, III, V, VI, VII, IX, X, 21, XIX, XX, XXIII, XXIV, XXV, 22, IV, XII, XXVI, 23, III, IV, 24, II, VII, 26, I, 30, IX, 196 a 200." BULOS, Uadi Lammêgo. *Constituição Federal Anotada.* 3ª ed. São Paulo: Saraiva, 2001, p. 1260.
[165] BULOS, Uadi Lammêgo. *Op.cit.*, p. 1261.

do meio ambiente cultural (patrimônios históricos, artísticos, paisagísticos, arqueológicos e turísticos); a terceira, meio ambiente artificial (patrimônio urbano construído – edificações e equipamentos públicos); e quarta, meio ambiente do trabalho.

Como conseqüência legal da positivação do direito ao meio ambiente ecologicamente equilibrado, incorporado na ordem jurídica brasileira, a Constituição criou um terceiro gênero: o bem ambiental como bem jurídico autônomo e distinto do direito de propriedade. De acordo com Liliana Allodi Rossit,[166] o direito ao meio ambiente ecologicamente equilibrado está fora do catálogo, mas mesmo assim é fundamental porque objetiva garantir a sadia qualidade de vida e a própria vida humana. Conforme sustenta com evidente acerto Uadi Lammêgo Bulos,[167] a propriedade ambiental não é bem público nem bem privado: é bem de uso comum do povo e pertence à humanidade, às presentes e futuras gerações. O bem ambiental é de natureza difusa e não pode ser apropriado, de acordo com análise de Liliana Allodi Rossit.[168]

As normas ambientais constitucionais visam assegurar o direito ao meio ambiente ecologicamente equilibrado; nessa condição, compõem um sistema jurídico que, apesar de ser aberto, mantém a sua unidade com suporte no princípio, dentre outros, da dignidade da pes-

---

[166] "Não é demais assinalar que o direito ao meio ambiente equilibrado constitui-se em direito fundamental da pessoa humana, ainda que não figure expressamente no art. 5º da Carta de 1988, justamente porque visa à sadia qualidade de vida, ou, em outras palavras, visa a assegurar um direito fundamental que é a vida." ROSSIT, Liliana Allodi. *Op.cit.*, p. 55.

[167] "Outra inovação trazida pelo *caput* do dispositivo foi a caracterização do meio ambiente como 'bem de uso comum do povo', termo presente no Código Civil de 1916 (arts. 65 e 66). Mas o sentido atribuído à expressão pelo constituinte não é a mesmo do direito privado, porque se criou um tertium genus, ou seja, um bem que não é público, nem particular. Essa terceira espécie de bem denomina-se bem ambiental.O que se pretendeu dizer é que o meio ambiente constitui um bem jurídico próprio, diferente daquele ligado ao direito de propriedade. Um industrial, por exemplo, pode ter uma fazenda onde a sua fábrica foi instalada. Porém não poderá queimar as árvores ali presentes, sob pena de comprometer a qualidade do ar atmosférico. Então, de quem é o ar que se respira? É do industrial? É dos seus empregados? Claro que não. É dele e de todos, simultaneamente.
Por isso, quando o dispositivo menciona 'bem de uso comum do povo', o faz na acepção restrita, porque sua dimensão ecológica extrapola o mero direito de propriedade, tomado no seu sentido clássico de o sujeito usar, gozar e dispor da coisa como preferir." BULOS, Uadi Lammêgo. *Op.cit.*, p. 1262.

[168] "A característica básica do bem ambiental é a de ser, pois, como vimos, bem de uso comum, definição esta que implica não ser ele passível de apropriação e, além disso, essencial à sadia qualidade de vida, situação que revela que a Carta Política de 1988 adotou o conceito de meio ambiente estabelecido na Lei n. 6.938/81." ROSSIT, Liliana Allodi. *Op.cit.*, p. 40.

soa humana. Ingo Wolfgang Sarlet[169] expõe com clareza que a base dos direitos fundamentais na Constituição de 1988 radica sempre no princípio da dignidade da pessoa humana, e que a coerência interna dos sistemas dos direitos constitucionais encontra justificativa para além de sua vinculação com princípios ou valores constitucionais. Daí a vinculação do meio ambiente ecologicamente equilibrado vinculado com a dignidade da pessoa humana. Como produto deste princípio, fator de coerência interna do sistema de direitos fundamentais, tem-se a aplicabilidade imediata do direito fundamental com suporte no art. 5°, § 1°, da Constituição do Brasil de 1988[170] – segundo as análises de Ingo Wolfgang Sarlet[171] e também de Ruy Ruben Ruschel,[172] cuja tese foi sustentada em argumentos expostos pelo notável Rui Barbosa. Parece claro que a aplicabilidade imediata do direito fundamental ao meio ambiente ecologicamente equilibrado é justificada, pois garante a preservação da própria vida humana. Como é uma norma que assegura direitos, não depende de regulamentação: são diretamente aplicá-

---

[169] "Independentemente da possibilidade de sustentar-se, relativamente aos direitos fundamentais da Constituição de 1988, a tese de que, na sua base, radica sempre o princípio fundamental da dignidade da pessoa humana, o fato é que a coerência interna do sistema dos direitos fundamentais encontra justificativa – além de sua vinculação com um ou mais valores (princípios) fundamentais – em referenciais fornecidos pelo próprio direito constitucional positivo." SARLET, Ingo Wolfgang. *Op.cit.*, p. 78.

[170] "Art. 5°. Todos são iguais perante a lei, sem distinção de qualquer natureza, garantindo-se aos brasileiros e aos estrangeiros residentes no País a inviolabilidade do direito à vida, à liberdade, à igualdade, à segurança e à propriedade, nos termos seguintes:
(...)
§ 1°. As normas definidoras dos direitos e garantias fundamentais têm aplicação imediata."

[171] "Independentemente da possibilidade de sustentar-se, relativamente aos direitos fundamentais da Constituição de 1988, a tese de que, na sua base, radica sempre o princípio fundamental da dignidade da pessoa humana, o fato é que a coerência interna dos sistema dos direitos fundamentais encontra justificativa – para além de sua vinculação com um ou mais valores (princípios) fundamentais – em referenciais fornecidos pelo próprio direito constitucional positivo. Neste sentido, assume papel relevante a norma contida no art. 5°, § 1°, da CF de 1988, de acordo com a qual todos os direitos e garantias fundamentais foram elevados à condição de normas jurídicas diretamente aplicáveis e, portanto, capazes de gerar efeitos jurídicos." SARLET, Ingo Wolfgang. *Op.cit.*, p. 78-79.

[172] "Ainda ao tempo da República Velha, quando só direitos individuais eram enunciados na Constituição, surgiu uma dúvida sobre se alguns deles eram ou não auto-aplicáveis. Rui Barbosa solucionou o problema com justeza, sustentando a tese de que a 'Declaração de Direitos' só podia conter normas auto-executáveis. Seu argumento básico foi: 'Sendo o intuito principal dessas declarações constitucionais cercar esses direitos de uma trincheira inacessível ao arbítrio, assim dos Governos como dos Parlamentos, ficaria totalmente anulada a garantia de que aí se cogita, se tais direitos se não pudessem reivindicar senão estribados em atos legislativos'." RUSCHEL, Ruy Ruben. *Direito Constitucional em Tempos de Crise*. Porto Alegre: Sagra Luzzatto, 1997, p. 138.

veis. Neste sentido é a segura orientação também de Fernanda Luiza Fontoura de Medeiros[173] ao tratar dos conceitos e características dos deveres fundamentais.

Em nosso sistema, o direito ao meio ambiente integra o rol dos direitos reconhecidos na Constituição e assume um caráter de direito formal e materialmente fundamental, pois está ancorado no texto constitucional. Mas sua evolução partiu da legislação infraconstitucional para a constitucional. Neste sentido é o esclarecimento de Fernanda Luiza Fontoura de Medeiros.[174] De acordo com as idéias de Carlos Roberto de Siqueira Castro,[175] o direito objetiva preservar o meio ambiente ecologicamente equilibrado e aprimorar a qualidade de vida – ou seja, regrar as condutas e atividades poluidoras ou potencialmente poluidoras.

A fundamentabilidade do direito ao meio ambiente ecologicamente equilibrado decorre de seu reconhecimento em nossa Constituição como meio para a preservação da vida humana – condição que revela a proteção jurídica do direito ao meio ambiente ecologicamente equilibrado no sentido formal e material. Para o jurista Gomes Canotilho,[176] a fundamentabilidade é formal enquanto associada à constitucionalização de normas consagradoras de direitos fundamentais e de fundamentalibidade material, quando o seu núcleo compõe a estrutura básica do Estado e da sociedade na qualidade de integrante de suas estruturas. Fernanda Luiza Fontoura de Medeiros[177] diz que os

---

[173] "Na Constituição do Estado de Direito, os deveres fundamentais têm assento necessário e possuem a estrutura e a natureza de direitos diretamente aplicáveis." MEDEIROS, Fernanda Luiza Fontoura de. *Op.cit.,* p. 105.

[174] "Tomando a experiência brasileira, verifica-se, desde logo, que a normatização da proteção ambiental não teve sua origem nas normas constitucionais. A evolução jurídica das normas de proteção ao meio ambiente, como já anunciamos no começo deste tópico, principia pela legislação infraconstitucional, culminando na sua constitucionalização." MEDEIROS, Fernanda Luiza Fontoura de. *Op.cit.,* p. 58.

[175] "Trata-se, porém, de um ramo das ciências sociais dotado não apenas do atributo de disciplina indutora de comportamentos individuais e coletivos, mas sobretudo de inspiração teleológica ou de finalística específica, como seja o regramento da conduta humana e das atividades industriais e econômicas a fim de preservar o meio ambiente e aprimorar a qualidade da vida." CASTRO, Carlos Roberto de Siqueira. *O Direito Ambiental e o Novo Humanismo Ecológico*. Revista de Direito da Procuradoria Geral do Estado do Rio de Janeiro. Rio de Janeiro: Centro de Estudos Jurídicos, 1992, p. 29.

[176] CANOTILHO, José Joaquim Gomes. *Op.cit.*, p. 373.

[177] "Para além dos positivados na Constituição formal, os direitos fundamentais integram o núcleo material da ordem constitucional, em virtude da importância de seu conteúdo, apresentando uma fundamentalidade material. Além disso, o âmbito material dos direitos fundamentais não se reporta, pura e simplesmente, ao catálogo contido no artigo 5º da Constituição Federal

O Direito ao Meio Ambiente
ECOLOGICAMENTE EQUILIBRADO COMO DIREITO FUNDAMENTAL

direitos fundamentais integram o núcleo material da ordem constitucional, apresentando uma fundamentabilidade material e não se resumem ao catálogo do artigo 5º da Constituição Federal de 1988.

Para Ingo Wolfgang Sarlet,[178] esta fundamentabilidade decorre do fato de serem os direitos fundamentais elementos basilares da Constituição, o que permite a abertura para outros direitos não constantes de seu texto. Diante desta condição, o direito ambiental brasileiro é um sistema aberto e em evolução, o que impede o seu engessamento e a cristalização de seus princípios e de seus conceitos. E, em razão da sua finalidade, o núcleo do direito fundamental ao ambiente sadio – a sadia qualidade de vida – determina as suas dimensões ou dupla perspectiva. Podem ser considerados tanto direitos subjetivos individuais como objetivos fundamentais da humanidade, tese jurídica com a qual concorda Fernanda Luiza Fontoura de Medeiros.[179]

3.4. Meio ambiente: complexo de direitos e deveres

3.4.1. Meio ambiente como direito fundamental

A ruptura entre o homem e a natureza – o homem torna-se adversário do planeta – levou à positivação do direito fundamental ao meio ambiente ecologicamente equilibrado na Constituição do Brasil de 1988. Este rompimento foi mais forte ao longo do século XX, o que levou Fernanda Luiza Fontoura de Medeiros[180] a descrever como uma

---

de 1988. E esse parece ser o sentido expressado pelo § 2º artigo 5º da Carta Constitucional quando disciplina que: 'os direitos e garantias expressos nesta Constituição não excluem outros decorrentes do regime e dos princípios por ela adotados, ou dos tratados internacionais em que a República Federativa do Brasil seja parte'." MEDEIROS, Fernanda Luiza Fontoura de. *Op.cit.,* p. 79.

[178] "A fundamentabilidade material, por sua vez, decorre da circunstância de serem os direitos fundamentais elemento constitutivo da Constituição material, contendo decisões fundamentais sobre a estrutura básica do Estado e da sociedade. Inobstante não necessariamente ligada à fundamentabilidade formal, é por intermédio do direito constitucional positivo (art. 5º, § 2º, da CF) que a noção de fundamentabilidade material permite a abertura da Constituição a outros direitos fundamentais não constantes de seu texto." SARLET, Ingo Wolfgang. *Op.cit.,* p. 81.

[179] "Partimos da premissa de que existe uma dupla perspectiva quanto ao conteúdo dos direitos fundamentais, os quais podem ser considerados tanto direitos subjetivos individuais como elementos objetivos fundamentais da comunidade." MEDEIROS, Fernanda Luiza Fontoura de. *Op.cit.,* p. 85.

[180] "Ao longo do século XX, assistimos, sob a ótica do ordenamento jurídico, uma luta entre a figura do Estado Social como articulador das necessidades individuais e sociais e uma ótica

luta entre o Estado Social e as idéias ou propostas liberais. A partir de então, foi estabelecido um complexo de direitos e deveres – dentre esses, o direito ao ambiente sadio e o dever de proteger os bens ambientais.

A defesa do meio ambiente ecologicamente equilibrado passa a ser tarefa e finalidade do Estado e obrigação dos indivíduos para garantir o direito fundamental formalmente reconhecido e preexistente ao próprio Estado. O direito fundamental à proteção ambiental por estas características (direito e dever) constitui um direito complexo, abrangendo múltiplas funções: função defensiva e função prestacional. Neste sentido disserta Fernanda Luiza Fontoura de Medeiros[181] ao tratar do Direito Fundamental à proteção ambiental e sua dupla função. O homem, na condição de cidadão torna-se titular do direito ao ambiente ecologicamente equilibrado e também sujeito ativo do dever fundamental de proteger o meio ambiente.

De acordo com o pensamento de Antonio Enrique Pérez Luño,[182] dentre outros renomados juristas, o marco principal da positivação deste direito é a Constituição por ser a lei fundamental de um país. Para o consagrado autor espanhol,[183] a positivação assegura os direitos fundamentais contra o arbítrio do legislador, vinculando-o aos direitos fundamentais. Os direitos fundamentais em sentido formal – e por sua relevância dada pela ordem jurídica constitucional – possuem supremacia normativa. Conseqüentemente, possuem aplicabilidade imediata e vinculativa por força do § 1º do art. 5º da Constituição

---

liberal; assistimos, da mesma forma, ao seu esfacelamento como cumpridor dessas expectativas. A idéia de Estado-Nação configura outra modalidade de organização sociopolítica que busca dar conta das demandas das sociedades locais, regionais e internacionais. Também vem evidenciado o esgotamento de suas possibilidades." MEDEIROS, Fernanda Luiza Fontoura de. *Op.cit.,* p. 17.

[181] "O direito fundamental à proteção ambiental constitui um direito que pode ser designado complexo, abrangendo as múltiplas funções dos direitos fundamentais do homem. Tomando por pressuposto a distinção entre texto (dispositivo), norma e direitos, no artigo 225 da Constituição Federal, relativo à proteção do meio ambiente, cuida-se de uma série de disposições (textos) que encerram várias normas que, por sua vez, asseguram posições jurídicas subjetivas fundamentais, de natureza diversa, tanto com função defensiva quanto prestacional." MEDEIROS, Fernanda Luiza Fontoura de. *Op.cit.,* p. 115.

[182] LUÑO, Antonio E. Perez. *Derechos Humanos, Estado de Derecho y Constituicion.* 6ª ed. Madri: Tecnos, 1999, p. 97.

[183] "Surgió así en la praxis política constitucional la exigencia de asegurar los derechos fundamentales contra el arbtrio del legislador, a través del progressivo desarrollo, ya estudiado, de las técnicas de positivación constitucional de los derechos fundamentales que así se mantenían em um rango superior al de las normas legislativas." LUÑO, Antonio E. Perez. *Op.cit.,* p. 97.

O Direito ao Meio Ambiente
ECOLOGICAMENTE EQUILIBRADO COMO DIREITO FUNDAMENTAL

Federal[184] combinado com o art. 225, *caput*, do mesmo diploma legal. Assim o Poder Público tem o dever-poder indeclinável de atuar para preservar do equilíbrio do ambiente e para assegurar o direito assegurado constitucionalmente.

A grande maioria dos direitos fundamentais depende da legislação para a sua concretização. Contudo, os direitos e deveres ambientais estão delineados na legislação constitucional. O dever fundamental decorrente do direito ao ambiente sadio vincula o Poder Público e os particulares e é de aplicação imediata – neste sentido, é a lição de Ingo Wolfgang Sarlet.[185] Este dever caracteriza-se pela obrigação imposta ao Poder Público e aos indivíduos em manter o equilíbrio do ecossistema.

Essa é uma relação bastante complexa porque se caracteriza como dever de cunho positivo e dever de cunho negativo, que estabelece a obrigação de fazer obras de proteção ambiental e a obrigação de se abster de fazer ou de não exercer atividades com impactos negativos à natureza. Fernanda Luiza Fontoura de Medeiros,[186] entre outros autores, expõe que a proteção ambiental classificada como direito de defesa, proíbe expressamente que se agrida o ambiente, preservando seu equilíbrio. Ou seja, assume o caráter de direito prestacional, no sentido de que se possa exigir do Estado e da coletividade ações de proteção.

No caso brasileiro, em razão da positivação, o direito fundamental ao meio ambiente ecologicamente equilibrado mantém-se em posição superior às demais normas devido à sua eficácia decorrente da condição de norma fundamental. As razões para esta preponderância são simples. Em suas atividades de apropriação ou transformação de recursos naturais, o homem compromete as leis naturais do planeta e produz desequilíbrio ambiental – o que legitimou o reconhecimento do direito

---

[184] "§ 1º – As normas definidoras dos direitos e garantias fundamentais têm aplicação imediata".

[185] "Para além de vincularem todos os poderes públicos, os direitos fundamentais exercem sua eficácia vinculante também na esfera jurídico-privada, isto é, no âmbito das relações entre particulares". SARLET, Ingo Wolfgang. *Op.cit.*, p. 337.

[186] "Ao tratarmos do direito fundamental à proteção do meio ambiente, podemos classificá-lo como direito de defesa quando a norma expressamente proíbe que se afete, de qualquer forma, o meio ambiente, preservando a diversidade e a integridade do patrimônio genético ou preservando e restaurando os processos ecológicos essenciais para prover o manejo ecológico das espécies e ecossistemas, como dispõem os incisos I e II do § 1º do artigo 225 da Constituição Federal. Já no concernente aos direitos a prestações, salientamos que o direito fundamental à proteção ambiental se enquadra como direito a prestações no sentido de exigir do Estado e da coletividade ações de proteção." MEDEIROS, Fernanda Luiza Fontoura de. *Op.cit.*, p. 118.

ao meio ambiente como direito fundamental e evidentemente o afastou da classificação de direito humano ou de norma programática. A garantia do direito fundamental ao meio ambiente ecologicamente equilibrado certamente é fator de proteção ao ecossistema planetário.

Com a constitucionalização, o direito ao ambiente ecologicamente equilibrado, sem perder a sua característica de direito humano, passa a ser um direito a prestações positivas do Estado moderno que tem o dever fundamental de defender e proteger o meio ambiente; e da sociedade que tem a faculdade de defendê-lo e de protegê-lo, a fim de que seja criado um ambiente propício à vida humana.

Além disso, a defesa ambiental é dever fundamental por força da positivação na legislação. A proteção do meio ambiente ecologicamente equilibrado, positivado na legislação constitucional brasileira, decorre da função ambiental atribuída aos direitos fundamentais. Os direitos humanos, universais e inerentes à própria natureza humana – base jurídica da vida e da dignidade –, dependem de sua positivação na legislação constitucional dos povos para que possam ser considerados direitos subjetivos dos indivíduos e da coletividade. O direito ao meio ambiente ecologicamente equilibrado, como já referido, passou de direito humano a direito fundamental, com dimensão individual e transindividual conectadas à pessoa e ao direito à vida com dignidade. José Adércio Leite Sampaio[187] assevera, com evidente acerto, que o pacto entre as gerações, firmado pela Constituição ao discorrer sobre os efeitos da positivação constitucional dos princípios ambientais, constitui-se no princípio da eqüidade intergeracional, e as presentes gerações não podem deixar para as gerações do futuro um estoque de bens ambientais inferior aos que receberam das gerações passadas.

Gomes Canotilho,[188] ao analisar os direitos fundamentais consagrados na Constituição da República Portuguesa, constata que a raiz

---

[187] "As presentes gerações não podem deixar para as futuras gerações uma herança de déficits ambientais ou do estoque de recursos e benefícios inferiores aos que receberam das gerações passadas. Esse é um princípio de justiça ou eqüidade que nos obriga a simular um diálogo com nossos filhos e netos na hora de tomar uma decisão que lhes possa prejudicar seriamente." SAMPAIO, José Adércio Leite. *Constituição e Meio Ambiente na Perspectiva do Direito Constitucional Comparado*. In: *Princípios de Direito Ambiental na Dimensão Internacional e Comparada*. SAMPAIO, José Adércio Leite; WOLD, Chris; NARDY, Afrânio (orgs.) . Belo Horizonte: Del Rey, 2003, p. 53.

[188] "Pela análise dos direitos fundamentais, constitucionalmente consagrados, deduz-se que a raiz antropológica se reconduz ao homem como pessoa, como cidadão, como trabalhador e como administrado." CANOTILHO, José Joaquim Gomes. *Op.cit.*, p. 248.

antropológica reconduz estes direitos ao homem como pessoa – o que é simples de justificar, pois o destinatário do direito ao meio ambiente saudável é a pessoa humana. O mesmo ocorre em relação à legislação nacional: à luz dos princípios fundamentais, o direito ao meio ambiente é incorporado na legislação brasileira como direito fundamental da pessoa humana.

Cerne do direito ambiental brasileiro, o direito fundamental ao meio ambiente ecologicamente equilibrado deve ser harmonizado com os restantes direitos fundamentais, por exemplo, o direito ao desenvolvimento econômico. Dada a sua relevância, igualmente qualquer outro direito – o direito de propriedade ou a iniciativa econômica – pode sofrer restrições ou condicionamentos por força da garantia dos direitos e dos interesses difusos, hierarquicamente superiores aos direitos individuais, conforme já consagrou o Supremo Tribunal Federal, quando proferiu decisão no Mandado de Segurança nº 22.164, cujo relator, o Ministro Celso de Mello, afirmou que o meio ambiente constitui um direito fundamental.[189]

A partir do reconhecimento do direito ao meio ambiente pela Constituição Federal de 1988 e pelo Direito Constitucional, aparece desde logo uma nova categoria de direitos – que se pode designar de direito de defesa do meio ambiente e da qualidade de vida com reflexos na própria economia, que deve estar harmonizada com esses princípios. Um deles, o princípio da escassez, determina a relação entre direito ambiental e economia. Este princípio é comum a ambos, pois os recursos são escassos – extinguem-se ou degradam-se por uso e apropriação.

Para minimizar seus efeitos, os direitos fundamentais exigem comportamentos positivos do Estado, embora a contraposição indivíduo-Estado não desapareça, na medida em que os direitos não são em si direitos contra o Estado, mas sim direitos assegurados pelo Estado através do exercício do Poder de Polícia Estatal. Por meio de leis e de atos da administração, os direitos fundamentais são cumpridos pela ação do Poder Público, que deve definir e executar as políticas de defesa ambiental para que todos possam usufruir um ambiente hígido.

---

[189] Esta decisão está parcialmente citada na Nota de Rodapé 164.

Em sua dimensão subjetiva, o direito ao meio ambiente ecologicamente equilibrado consiste na pretensão individual e transindividual de sua proteção: o meio ambiente ecologicamente equilibrado não pode ser agredido ou ameaçado. Em sua dimensão coletiva, também deve ser protegido: qualquer ação, ou omissão, ou atividade que crie uma situação de risco ao meio ambiente é considerada agressão, sem necessidade do dano efetivo – isto é, basta a potencialidade do dano, pois a legislação ambiental é também preventiva. Nesse sentido, têm decidido os Tribunais brasileiros. Exemplificando: o Tribunal Regional Federal da 5ª Região[190] decidiu que as praias são bens públicos de uso comum do povo e assim devem ser preservadas. Vale dizer, portanto, que um meio ambiente sadio e sem ameaças é direito das presentes e futuras gerações. Para garantir este direito, a Constituição impôs ao Poder Público e aos próprios indivíduos o dever de defender os bens ambientais.

3.4.2. O meio ambiente como dever fundamental

Como anteriormente exposto, o meio ambiente ecologicamente equilibrado é um dos mais importantes e fundamentais direitos das presentes e futuras gerações. Desrespeitado, provoca agressões a toda a humanidade. Por esta razão, dentre outras, o Estado moderno assumiu a tarefa de defender e assegurar ao indivíduo um ambiente sadio com paradigma na dignidade da vida humana. Ressalte-se que a atuação do Poder Público não é uma mera faculdade. Ele tem o dever de atuar para manter a harmonia no ecossistema.

Desta forma, o dever fundamental do Estado relaciona-se com o direito à proteção ambiental e à promoção da qualidade de vida. Para tal mister, a legislação brasileira impõe tarefas ao Poder Público, pois todas as normas constitucionais são dotadas de eficácia, obrigando ainda que em menor grau a adoção de políticas públicas para garantir

---

[190] "As praias são bens públicos e devem ser preservados para uso comum do povo. Todo e qualquer ato causador de degradação ao meio ambiente estará sujeito à intervenção e controle do Poder Público tal como assegura a CF em vigor (art. 225). As construções de bares sem as mínimas condições higiênicas, em plena orla marítima não só prejudicam o bem estar da coletividade quanto degradam o meio ambiente. Padecem de nulidade os atos praticados pela Prefeitura do Município, que permitiu a edificação dos referidos bares em terrenos de marinha, pertencentes à União Federal, sem autorização legal". (TRF 5ª Região – AC 26.101 – PE – 3ª T. – Rel. Juiz José Maria Lucena – DJU 10.03.1995). Disponível em: http://www.trf5.gov.br/processos/juris-verbete.html.

o direito ao meio ambiente ecologicamente equilibrado. Neste sentido é a lição de Gustavo Amaral,[191] que sustenta toda a clareza que as normas constitucionais estão dotadas de eficácia, obrigam e exigem diretamente o maior número possível de ações do Poder Público. Para o autor, deve ser dada a máxima eficácia aos direitos fundamentais. Logo são ordens ao legislador e ao Poder Público na defesa de direitos subjetivos e de deveres, o que conduz a um complexo de direitos e de deveres, como por exemplo, a proibição de queimadas e o dever de combatê-las.

Desta forma, o direito ao meio ambiente ecologicamente equilibrado tem essencialmente uma dimensão objetiva, que é conservação do equilíbrio ambiental – natureza do bem jurídico tutelado – da tutela plurissubjetiva Assim, o destinatário da norma de direito fundamental, o Poder Público, tem o dever fundamental de defender o meio ambiente para as presentes e futuras gerações, o que contrasta com os direitos subjetivos privados de natureza individual.

O fundamento para tal assertiva é que o direito ao meio ambiente dá maior relevância ao objeto – qualidade ambiental – em detrimento dos poderes e faculdades dos indivíduos. O direito fundamental trata de limitação de direitos individuais em prol dos da humanidade. Um dos instrumentos para tal prática é o Poder de Polícia, que possibilita intervir na economia para fiscalizar ou regulamentar as atividades poluidoras ou potencialmente poluidoras.

Outros pesquisadores também se manifestaram sobre o tema. Fernanda Luiza Fontoura de Medeiros,[192] com muita propriedade, afirma que, por força deste dever, cabe ao Estado manter um ambiente saudá-

---

[191] "(...)vê-se nítida a intenção de parte da doutrina de, fundada na premissa de que todas as normas constitucionais são dotadas de eficácia, obrigando, ainda que em menor grau, a determinadas condutas, exigir diretamente o maior número possível de prestações do Estado. Tal tendência se vê com maior vigor nas normas sociais revestidas como regras e não como princípios, aplicáveis aos servidores públicos, onde as questões ligadas às possibilidades do Estado não costumam ser consideradas.

Neste sentido, a eficácia ou máxima eficácia das normas de direito social transmuta-se em máxima abrangência da norma.". AMARAL, Gustavo. *Interpretação dos Direitos Fundamentais e o Conflito entre Poderes*. In: *Teoria dos Direitos Fundamentais*. TORRES, Ricardo Lobo (org.). Rio de Janeiro: Renovar, 1999, p. 109.

[192] "Quando falamos em direito e dever fundamental à proteção ambiental, referimo-nos à questão primordial de possuirmos o direito fundamental de vivermos em um meio ambiente saudável e equilibrado e do dever, também fundamental, de lutarmos com todos os meios legítimos disponíveis para que esse ambiente se mantenha por muitas gerações." MEDEIROS, Fernanda Luiza Fontoura de. *Op.cit.*, p. 126.

vel e equilibrado. Luigi Ferrajoli,[193] numa perfeita síntese, defende que aos direitos sociais correspondem as prestações positivas do Estado, cujo dever é o de defender o meio ambiente ecologicamente equilibrado. François Ost,[194] ao tratar sobre os deveres das gerações do presente para com as do futuro, explica que o filósofo americano John Rawls – em sua obra publicada em 1971 e escrita em 1960 – foi o primeiro a denotar que as gerações do presente devem economizar recursos para as do futuro, isto é, deve poupar bens ambientais, o que atualmente é imposição ao Poder Público e aos particulares.

O direito ao ambiente ecologicamente equilibrado compõe um sistema que visa à cooperação entre as gerações ao longo do tempo histórico, daí a obrigação de economizar os recursos ambientais. Tal ônus é definido como instrumento jurídico para efetivar a obrigação de poupança de recursos definida por John Rawls.[195] No entanto, é evidente que o autor defende a aplicação do uso racional dos recursos ambientais, com o objetivo de evitar o desperdício e a extinção de recursos que pertencem também às gerações do futuro.

---

[193] "Dos direitos de liberdade, aos quais correspondem as vedações legais, não são predetermináveis os conteúdos, mas somente os limites: assim, por exemplo, da liberdade de expressão ou da liberdade pessoal não é possível identificar os infinitos atos de seu exercício, mas apenas os limites (vedação legal de difamar, ou de caluniar, e assim por diante) ou as condições que legitimam as limitações (apenas por ordem motivada da autoridade judiciária, quando ocorram indícios de delito e afins). Dos direitos sociais, aos quais correspondem a obrigação, são, ao invés, predetermináveis os conteúdos, mas não os limites, sendo variáveis com o tempo, o lugar, a circunstância e, sobretudo, o grau de desenvolvimento econômico e civil, as carências e as expectativas por eles expressas, assim como o seu grau de sofisticação: desta forma, os direitos à instrução, ou à saúde, ou à subsistência, remetem a obrigações de prestações quantitativamente mutáveis, sendo os diversos níveis de vida consentidos em qualquer ordenamento. Além disso, os direitos de liberdade, como os direitos sociais, formam uma categoria aberta quanto ao número e, de modo parecido, variáveis segundo não só as culturas mas, também as ameaças às condições de vida: por exemplo, os direitos à tutela do ambiente foram impostos apenas recentemente, sendo relativamente nova a obra de destruição do planeta que eles aspiram impedir". FERRAJOLI, Luigi. *Direito e Razão. Teoria do Garantismo Penal.* ZOMER, Ana Paula; CHOUKR, Fauzi Hassan; TAVARES, Juarez; GOMES, Luiz Flávio (trads.). São Paulo: Revista dos Tribunais, 2002, p. 733.

[194] "Um dos primeiros autores a abordar sistematicamente o problema dos deveres em relação às gerações futuras foi o filósofo americano John Rawls, autor de uma célebre obra intitulada A Theory of Justice. Publicado em 1971, este livro, que foi escrito nos anos sessenta, não aborda de modo algum os problemas ambientais, de forma que a questão da justiça intergerações que ele salienta, é tratada exclusivamente sob o ângulo da fixação de uma taxa de poupança justa, a consentir, pela geração presente, em favor das que se lhe seguirão. Esta questão surge no quadro de uma ambiciosa teoria da justiça, que pretende estabelecer princípios de distribuição universalmente válidos, porque equitativos e produzidos no termo de um processo que se quer não partidário (daí o nome desta teoria: justice as fairnes)". OST, Francois. *Op.cit.*, p. 320-321.

[195] RAWLS, John. *Uma Teoria da Justiça.* PISETTA, Almiro; ESTEVES, Lenitam M. R. (trads.). São Paulo: Martins Fontes, 1997, p. 322.

Recordando o que já dito anteriormente, uma geração deve utilizar os recursos ambientais, especialmente os não-renováveis, na dupla condição de fazer deles um uso racional e de manter intactas as possibilidades de uso para as gerações futuras. A extinção dos recursos ambientais levaria a humanidade ao colapso, pelo menos à progressiva estagnação do processo econômico, razão pela qual o direito ao meio ambiente ecologicamente equilibrado é interesse difuso. Afinal, é preciso ter consciência de que, no futuro, haverá um maior número de habitantes no planeta.

Além disso, quanto aos recursos naturais não-renováveis, há uma obrigação de desenvolver pesquisas científicas, a fim de criar e implementar energias ou recursos de substituição. Por exemplo, o art. 4º, inciso IV, da Lei 6.938/81 e o art. 22,[196] inciso V Código Estadual do Rio Grande do Sul – Lei nº 11.520, de 03.08.2000, objetivam a racionalização dos bens ambientais.

Por sua relevância para a defesa da vida, o direito ao meio ambiente ecologicamente equilibrado, no rol dos direitos fundamentais de terceira geração, é um dos mais conhecidos – e encontra-se em discussão tanto entre os autores de direito privado quanto entre os de direito público. Desta discussão, nasceu o princípio da precaução, que objetiva evitar o impacto negativo das atividades humanas sobre o ecossistema – em especial sobre os recursos naturais, em cuja relação encontram-se os não-renováveis.

---

[196] "Art. 22 – O Poder Público fomentará a proteção do meio ambiente e a utilização sustentável dos recursos ambientais através da criação de linhas especiais de crédito no seu sistema financeiro, apoio financeiro, creditício, técnico e operacional, contemplando o financiamento do desenvolvimento de pesquisa ambiental, execução de obras de saneamento, atividades que desenvolvam programas de educação ambiental, criação e manutenção de Unidades de Conservação, privilegiando também, na esfera pública ou privada:

I – as universidades, os centros de pesquisa, as entidades profissionais, as entidades técnico-científicas, a iniciativa privada e as entidades ambientalistas legalmente constituídas, em especial as que visem à proteção da biota nativa e as de educação e pesquisa;

II – a produção e produtos que não afetam o meio ambiente e a saúde pública;

III – a manutenção dos ecossistemas;

IV – a manutenção e recuperação de áreas de preservação permanente e de reserva legal;

V – o desenvolvimento de pesquisa e utilização de energias alternativas renováveis, de baixo impacto e descentralizadas;

VI – a racionalização do aproveitamento de água e energia;

VII – o incentivo à utilização de matéria-prima reciclável, tanto na produção agrícola, quanto na industrial;

VIII – o incentivo à produção de materiais que possam ser reintegrados ao ciclo de produção;

IX – o desenvolvimento de pesquisas tecnológicas de baixo impacto;

X – os proprietários de áreas destinadas à preservação, e que por isso não serão consideradas ociosas."

O dever fundamental de proteger e de preservar o meio ambiente leva o homem a zelar pelo patrimônio ambiental que pertence à humanidade, às presentes e futuras gerações; e leva ao desenvolvimento sustentável, à implementação de tecnologia para recuperar a qualidade ambiental e a efetiva defesa dos recursos naturais, especialmente os não-renováveis. Tal ônus apresenta como vantagem, entre outras, a instituição e a definição de direitos e obrigações; indicando os respectivos titulares do direito. Os deveres decorrem do princípio da dignidade da pessoa humana e do direito de defesa da sadia qualidade de vida.

José Luís Bolzan de Morais, com muita propriedade, sustenta que o Estado hodierno se transformou e passou a ter papéis fundamentais, assumindo funções e tarefas novas e ampliadas. Na verdade, conforme expõe o autor,[197] a *sociedade de massas* impôs ao Poder Público o dever de agir e de implementar políticas de proteção aos interesses coletivos e difusos. Como se pode inferir da leitura de José Geraldo Brito Filomeno,[198] o direito ao ambiente impõe limites à própria soberania do Estado, que passa a ter obrigações constitucionais, e não apenas a faculdade de defender os bens ambientais.

Sem a menor dúvida, o direito fundamental ao meio ambiente ecologicamente equilibrado é – como direito individual e transindividual e como dever do Poder Público e dos indivíduos – um dos institutos jurídicos modernos com a finalidade de assegurar uma vida digna e saudável na Terra. Por isso, foi elevado a direito fundamental da humanidade.

3.5. Titularidade: interesses individuais e transindividuais

Nas últimas duas décadas, conforme Luís Roberto Barroso,[199] surgiu uma nova categoria de interesse: o coletivo e o difuso. Esta

---

[197] "A sociedade de massas impõe uma saída da passividade pública e uma reversão do sentido negativo da atividade jurídico-política estatal para uma atividade promocional-positiva." MORAIS, José Luis Bolzan de. *Op.cit.*, p. 18.

[198] "O art. 5º da Constituição brasileira de 1988, por exemplo, é o repositório de tais limitações à soberania do Estado, uma vez que limita tal poder de acordo com os direitos e garantias individuais e sociais, merecendo destaque, nesse último caso, as políticas de proteção ao meio ambiente, que afeta toda a humanidade, em última análise, e do consumidor, destinatário final de tudo o que é produzido e distribuído e, direta ou indiretamente, ligo ao próprio bem comum." FILOMENO, José Geraldo Brito. *Op.cit.*, p. 136.

[199] "As últimas duas décadas assistiram ao desenvolvimento florescente de uma nova categoria de interesse, ditos coletivos ou difusos, que vêm merecendo proteção jurídica. Não versam eles

categoria não tem titular certo, pois, no caso do meio ambiente, o titular é a humanidade. Como interesse difuso, a função do meio ambiente é a de manter a vida humana em condições dignas. Na espécie, os recursos ambientais, para cumprirem com sua finalidade, têm as funções social e ambiental positivadas na legislação, que podem ser definidas como segue.

O direito ao meio ambiente ecologicamente equilibrado é direito autônomo, tese com a qual concorda Luís Roberto Barroso;[200] e este direito é considerado, pelo autor[201] citado, como um direito distinto do direito de propriedade, isto é, ambos não se confundem. Também o meio ambiente é definido como bem de uso comum do povo, sendo assim de interesse difuso e pode ser sobreposto ao interesse individual. No caso específico, o direito ao ambiente ecologicamente equilibrado limita o direito de propriedade, que não é mais absoluto, ou seja, o homem tem apenas o direito de usufruto dos bens, devendo protegê-los e preservá-los para as presentes e futuras gerações.

Por interesses meramente econômicos, decorrentes do princípio da escassez, a proteção legislativa ao meio ambiente natural, conforme foi discutido anteriormente, visou inicialmente à proteção e à preservação de bens ambientais não-renováveis A limitação dos recursos naturais é insuperável, embora a tecnologia e os processos produtivos avancem a cada dia e busquem maior eficiência tecnológica e maior produtividade. O economista Duílio de Ávila Bérni[202] explica que "o

---

direitos que tenham titular certo, apto a desfrutar, individualmente, determinado bem jurídico. Ao contrário, tais interesses caracterizam-se por pertencerem a uma série indeterminada de sujeitos e pela indivisibilidade de seu objeto, de forma tal que a satisfação de um dos seus titulares implica a satisfação de todos, do mesmo passo que a lesão de um só constitui, ipso facto, lesão da inteira coletividade. Exemplo característico desta natureza de interesses é, precisamente, a preservação do meio ambiente, ao lado de outros, como a defesa da qualidade dos produtos e a garantia contra as manipulações do mercado (proteção do consumidor) e a salvaguarda de valores culturais e espirituais (proteção ao patrimônio histórico, artístico e estético)". BARROSO, Luís Roberto. *Op.cit.*, p. 249-250.

[200] BARROSO, Luís Roberto. *A Proteção do Meio Ambiente na Constituição Brasileira*. Revista Forense, n° 317, 1992. Rio de Janeiro, p. 167.

[201] "O que o constituinte terá pretendido dizer é que o meio ambiente constitui um bem jurídico próprio, distinto daquele sobre o qual se exerce o direito de propriedade. Um fazendeiro, por exemplo, pode ser legítimo proprietário de uma área na qual existe uma floresta. Mas se queimá-la, estará comprometendo a qualidade do ar da região – ou do planeta, exagere-se –, que é um direito distinto do de propriedade e que, no particular, a ele se sobrepõe." BARROSO, Luís Roberto. *A Proteção do Meio Ambiente na Constituição Brasileira*. Revista Forense, n° 317, 1992. Rio de Janeiro, p. 168.

[202] BÉRNI, Duílio de Ávila. *Conceitos Básicos de Economia*. In: *Introdução à Economia*. SOUZA, Nali de Jesus de (coord.). São Paulo: Atlas S.A, 1996, p. 36.

problema econômico fundamental consiste em distribuir esses recursos escassos entre fins alternativos", o que levou o homem, em especial o ocidental, a ser um opositor ao meio ambiente e adversário da natureza.

De acordo com as considerações de Luís Filipe Colaço Antunes,[203] o desenvolvimento cultural dos povos e a conscientização deles têm progressivamente possibilitado e permitido a busca de um ecodesenvolvimento em harmonia com o ecossistema, na linha do que universalmente denomina-se desenvolvimento sustentável. Trata-se simplesmente de compatibilizar a defesa dos recursos ambientais com o desenvolvimento econômico e social. Igualmente José Afonso da Silva[204] sustenta que são dois valores aparentemente em conflito. Para o autor, meio ambiente e desenvolvimento econômico deviam ser conciliados para a promoção do desenvolvimento sustentável.

A partir dessa conscientização, o direito ao ambiente ecologicamente equilibrado percorreu, desde sua introdução no direito, uma longa trajetória e evoluiu para as funções social e ambiental da propriedade em nível constitucional e infraconstitucional, com suporte no art. 1228, § 1º, da Lei nº 10.406, de 10 de janeiro de 2002, que revogou a Lei nº 3.071, de 1º de janeiro de 1916. Dispôs o novo Código Civil que o direito de propriedade está jungido às funções social e ambiental dos bens. Cláudio Hiran Alves Duarte,[205] ao dissertar sobre o tema, sustentou com evidente acerto que a noção de função está ligada à de dever. Assim, fica claro que cabe ao proprietário dos bens respeitar as funções social e ambiental destes.

---

[203] ANTUNES, Luís Filipe Colaço. *O Procedimento Administrativo de Avaliação de Impacto Ambiental* Coimbra: Livraria Almedina, 1998, p. 21.

[204] "São dois valores aparentemente em conflito que a Constituição de 1988 alberga e quer que se realizem no interesse do bem-estar e da boa qualidade de vida dos brasileiros. Antes dela, a Lei 6.938, de 31.8.1981 (arts. 1º 3 4º), já havia enfrentado o tema, pondo, corretamente, como o principal objetivo a ser conseguido pela Política Nacional do Meio Ambiente a compatibilização do desenvolvimento econômico-social com a preservação da qualidade do meio ambiente e do equilíbrio ecológico. A conciliação dos dois valores consiste, assim, nos termos deste dispositivo, na promoção do chamado desenvolvimento sustentável, que consiste na exploração equilibrada dos recursos naturais, nos limites da satisfação das necessidades e do bem-estar da presente geração, assim como de sua conservação no interesse das gerações futuras." SILVA, José Afonso da. *Direito Constitucional Ambiental*. 4ª ed. São Paulo: Malheiros, 2002, p. 26.

[205] "A noção de função está ligada à noção de dever. No exercício duma função o sujeito faz uso de um poder, porque, anteriormente, lhe é imposto um dever. A equação correta não se apresenta como Poder-Dever, mas, sim, como dever-poder. O poder deixa de ser senhor e transmuda-se em vassalo do dever." O município em função do ambiente." DUARTE, Cláudio Hiran Alves. *O Município em Função do Ambiente*. Revista da Associação dos Juízes do Rio Grande do Sul nº 68. Porto Alegre: AJURIS, 1996, p. 288.

Em sua tese de doutorado em Direito do Ambiente (Ciências Jurídico-Políticas) pela Faculdade de Direito da Universidade de Coimbra, após minucioso exame da questão posta, Luís Filipe Colaço Antunes[206] defendeu que o direito ao ambiente, interesse difuso, deve ser entendido como novo direito fundamental de sentido objetivo e axiológico – objetivo porque é positivado ou reconhecido como tal nas legislações, e axiológico, na qualidade de um valor agregado aos bens ambientais como essenciais à vida em qualquer de suas formas, relacionado a uma vida saudável e com dignidade – inerentes ao indivíduo e diretamente relacionados a uma vida digna e, portanto sobrepondo-se a interesses meramente individuais. Como valor, tem como uma de suas características a hierarquia. Esta característica, por sua relevância, foi reconhecida por Johannes Hessen[207] como base para uma relação de precedência. De outra forma, a sadia qualidade de vida ou uma vida digna são valores que se realizam através do direito ao meio ambiente ecologicamente equilibrado, compondo valores distintos. Logo, entre eles é estabelecida uma hierarquia que deve orientar o intérprete ou operador do direito que deverá casuisticamente verificar qual dos valores é o mais alto, tendo como norte que o valor que fundamenta os demais é por conseqüência o de maior valor, conforme leciona Johannes Hessen.[208] Reflete, pois, um valor supremo a ser considerado: a preservação da própria vida humana.

Embora seja de titularidade difusa, o direito ao meio ambiente ecologicamente equilibrado é também de titularidade individual, pois admite uma dimensão individual, quando a lesão ou probabilidade de lesão violar também interesse privado – neste mesmo sentido, leciona Ingo Wolfgang Sarlet.[209] Ainda no dispositivo constitucional do art. 225, *caput*, é condicionado o meio ambiente ecologicamente equilibra-

---

[206] ANTUNES, Luís Filipe Colaço. *Op.cit.*, p. 103.

[207] "Os valores não só se distinguem uns dos outros, como se acham ainda entre si numa determinada relação de hierarquia". HESSEN, Johannes. *Filosofia dos Valores*. 5ª ed. MONCADA, L. Cabral de (trad.). Coimbra: Armênio Amado, Editor, 1980, p. 120.

[208] "O valor que serve de fundamento a outros é mais alto que os que se fundam nele." *Ibidem*, p. 122.

[209] "É o indivíduo que tem assegurado o direito de voto, assim como é o indivíduo que tem direito à saúde, assistência social, aposentadoria, etc. Até mesmo o direito a um meio ambiente saudável e equilibrado (art. 225 da CF), em que pese seu habitual enquadramento entre os direitos da terceira dimensão, pode ser reconduzido a uma dimensão individual, pois mesmo um dano ambiental que venha a atingir um grupo dificilmente quantificável e delimitável de pessoas (indivíduos) gera um direito à reparação para cada prejudicado". SARLET, Ingo Wolfgang. *Op.cit.*, p. 366.

do à sadia qualidade de vida, isto é, vida refere-se à vida humana. O homem é o destinatário do ambiente ecologicamente equilibrado; e, nesta condição, também o são as gerações do presente e as do futuro, ante a obrigação de poupança de recursos ambientais imposta às gerações usufrutuárias do meio ambiente. Além disso, deve-se reconhecer que o indivíduo é o limite e o fundamento do domínio político do Estado brasileiro, e é igualmente a base para que sejam estabelecidas e efetivadas políticas ambientais-econômicas. Sendo assim, é a orientação doutrinária de Liliana Allodi Rossit.[210]

Na visão antropocêntrica de Geraldo Eulálio do Nascimento e Silva,[211] com a qual se concorda, todos os homens têm o direito inalienável a um ambiente ecologicamente equilibrado. Este direito, que é da humanidade, é reconhecido pela ordem jurídica – mesmo que, pelo obscurantismo ou individualismo do homem, o direito ao ambiente tenha estado adormecimento. Hoje o homem não pode mais dele dispor como senhor absoluto: o meio ambiente ecologicamente equilibrado é inalienável e, por conseqüência, é indisponível às pessoas de direito público e privado.

Isso quer dizer que a sobrevivência do ecossistema só é possível com a manutenção da visão antropocêntrica – o homem é o destinatário da proteção e da preservação ambiental. Tal ponto de vista não permite exageros, pois o próprio nome informa: a expressão "ecossistema" engloba todos os seres e suas interações num determinado espaço físico, com uma abertura para a vida em todas as suas formas[212] – ou seja, além da dimensão humana.

Nesse diapasão, soberania significa fonte suprema do poder, fundamento do próprio Estado para a defesa ambiental visando ao bem

---

[210] "Em outras palavras, a visão antropocêntrica deve ser entendida como o reconhecimento do indivíduo como limite e fundamento do domínio político da República, a base para toda e qualquer política de desenvolvimento e para a garantia dos demais direitos na sociedade." ROSSIT, Liliana A. *Op.cit.*, p. 39.

[211] "O DIREITO DO HOMEM a um meio ambiente sadio, é um direito indiscutível, reconhecido pela Comissão Mundial sobre Meio Ambiente e Desenvolvimento da seguinte maneira; 'Todos os seres humanos têm o direito fundamental a um meio ambiente adequado à sua saúde e bem-estar. No fundo, este direito sempre existiu, embora tenha passado despercebido da doutrina que dele só se ocupava incidentalmente. O artigo XXV da Declaração Universal dos Direitos do Homem já reconhecia, em 1946, que 'toda pessoa tem direito a um padrão de vida capaz de assegurar a si e à sua família a saúde e o bem-estar, inclusive alimentação, vestuário, habitação, cuidados médicos e os serviços sociais indispensáveis." SILVA, Geraldo Nascimento e. *Op.cit.*, p. 125.

[212] Conforme o conceito de meio ambiente do inciso I, do art. 3º da Lei 6.938/81.

O Direito ao Meio Ambiente
ECOLOGICAMENTE EQUILIBRADO COMO DIREITO FUNDAMENTAL

comum, nas palavras de José Geraldo Brito Filomeno,[213] culto Procurador de Justiça paulista, para o qual,[214] o Estado tem como elemento final o bem comum, isto é, o bem-estar da população sob a égide do Estado brasileiro. Logo o bem-estar transita necessariamente pelo direito a viver num ambiente ecologicamente equilibrado, com finalidade ética de convivência homem-natureza na busca do Estado de Direito Ambiental, resultado da evolução do direito ambiental.

---

[213] "Já soberania é a forma suprema de poder: é o poder incontestável e incontrastável que o Estado tem de, dentro de seu território e sobre uma população, criar, executar e aplicar o seu ordenamento jurídico visando o bem comum." FILOMENO, José Geraldo Brito. *Op.cit.*, p. 82.
[214] "Desde logo se pode constatar que a existência da sociedade política com território e população definidos, governo soberano e normas comportamentais não se justifica como um fim em si mesma, mas, sim, para que se alcance o bem-estar da mesma população." Ibidem.

4. O Estado de Direito Ambiental na Constituição de 1988

4.1. A crise do desenvolvimento econômico e do meio ambiente

A humanidade passa por uma crise de desenvolvimento econômico conjugado com uma crise ambiental. Tanto na economia quanto na natureza, os recursos são escassos, estão extintos ou na iminência de esgotamento. Por causa disso, neste estágio o meio ambiente ecologicamente equilibrado certamente só será assegurado e só será real, se houver o efetivo comprometimento de todos e a ação positiva da comunidade e do Poder Público.

Com a comunitarização de interesses para conservar o equilíbrio do ecossistema – num Estado com capacidade para enfrentar os desafios criados pelo funcionamento das atuais sociedades de riscos, que são o resultado natural do desenvolvimento tecnológico e da transição da sociedade industrial para uma sociedade de risco –, será possível a implementação da legislação brasileira, que tem potencialidade para organizar e manter o estado ambiental. Nesta nova ordem jurídica que decorre da publicização dos bens ambientais o ambiente, segundo Fernanda Luiza Fontoura de Medeiros,[215] é bem jurídico que representa e reforça a idéia de um novo valor que deve ser entendido na dimensão pública ou coletiva.

---

[215] "O meio ambiente é um bem jurídico que representa e reforça a idéia de um novo valor que se reveste de maior importância para a comunidade jurídico-politicamente organizada, valor esse que deve ser compreendido na sua dimensão pública ou coletiva." MEDEIROS, Fernanda Luiza Fontoura de. *Op.cit.*, p. 134.

A ECO 92 preocupou-se com o caos gerado pela utilização de tecnologias que desprezaram cuidados com o equilíbrio ambiental – matéria que foi objeto do Capítulo 34 da Agenda 21. A partir daí, começou a ser proposta tecnologia ambientalmente saudável[216] para o enfrentamento desta transição, na qual a comunidade internacional e os movimentos sociais impulsionaram o Estado na busca de melhor qualidade de vida. Tal posicionamento é adotado por Ioberto Tatsch Banunas,[217] visando ao desenvolvimento sustentável no qual a igualdade entre os homens e o justo uso do patrimônio ambiental é alicerce e caminho para o bem-estar social das presentes e futuras gerações.

Em 1981, para garantir o patrimônio ambiental em sua condição jurídica bem de uso comum do povo, essencial ao bem-estar social, a Lei 6.938 – Lei da Política Nacional do Meio Ambiente –, em seu art. 2º, inciso I, qualificou o meio ambiente como um patrimônio público a ser necessariamente assegurado e protegido, tendo em vista o uso coletivo, em conformidade com as funções social e ambiental. Esta norma foi o primeiro passo para institucionalizar o direito ao meio ambiente ecologicamente equilibrado como interesse difuso. Porém, não basta apenas a concretização legislativa: é preciso conscientizar e educar os povos sobre a necessidade de conservar os recursos ambientais. Além da conscientização, o homem deve ser também o agente desta mudança, por meio da efetiva implementação do Estado de Di-

---

[216] O Capítulo 34 foi resumido por Paulo Affonso Soares Pereira nos seguintes termos: "As tecnologias ambientalmente saudáveis protegem o meio ambiente, são menos poluentes, usam todos os recursos de forma mais sustentável, reciclam seus resíduos e produtos e tratam os dejetos residuais de uma maneira mais aceitável do que as tecnologias que vierem substituir.
As tecnologias ambientalmente saudáveis, no contexto da poluição, são 'tecnologias de processos e produtos' que geram poucos ou nenhum resíduo. Também compreendem tecnologias de 'etapa final' para o tratamento da poluição depois que esta foi produzida.
As tecnologias ambientalmente saudáveis não são apenas tecnologias isoladas, mas sistemas totais que inciuem conhecimentos técnico-científicos, procedimentos, bens, serviços e equipamentos, assim como os procedimentos de organização e manejo.
As tecnologias ambientalmente saudáveis devem ser compatíveis com as prioridades sócio-econômicas, culturais e ambientais nacionalmente determinadas. Rios, redes e regiões: a sustentabilidade a partir de um enfoque integrado dos recursos terrestres." PEREIRA, Paulo Affonso Soares. *Rios, redes e regiões: a sustentabilidade a partir de um enfoque integrado dos recursos terrestres*. Porto Alegre: AGE, 2000, p. 165.
[217] (...) "o emergente Estado Ambiental está baseado em experiências pluricausais, devendo-se implementar em sua complexidade o promissor princípio da solidariedade econômica social, visando o desenvolvimento sustentável, no qual a igualdade entre os homens e o justo uso do patrimônio natural alicercem a via para o bem-estar social ambiental das futuras gerações". BANUNAS, Ioberto Tatsch. *Poder de Polícia Ambiental e o Município*. Porto Alegre: Sulina, 2003, p. 33.

reito Ambiental, ou conforme José Joaquim Gomes Canotilho,[218] Estado Constitucional Ecológico, regido por princípios ecológicos e participação popular.

Para tanto, compete ao Poder Público cumprir e fazer adotar, dentre outros, o princípio da precaução, fundamentalmente mais rigoroso que o princípio da prevenção. No primeiro, é suficiente o risco ao equilíbrio do ecossistema ou a dúvida para que as medidas, tais como as proibições ou restrições ao uso dos recursos ambientais sejam efetivadas.

Esse princípio, ainda não implementado suficientemente, dispensa a prova do nexo causal entre a ação humana ou atividade da pessoa jurídica e o dano ambiental e depende de uma mudança de atitude da humanidade. Esta é a razão pela qual não basta a aplicação da legislação. Deve haver também a conscientização, através da educação ambiental – ponto fundamental para a transformação cultural – entre outros mecanismos, na busca de uma segurança ambiental e de um manejo racional dos recursos ambientais.

A questão agora é eleger como um dos objetivos do direito ambiental a edificação de um Estado não só mais voltado para as questões ambientais, com o mínimo de riscos ao equilíbrio do ecossistema, como também estruturado num direito em construção – isto é, não cristalizado –, na medida em que sua implementação é feita e que são consolidadas as eficácias jurídicas e sociais. A primeira tem suporte na legislação adequada, com capacidade para produzir efeitos positivos ao meio ambiente, tais como a manutenção do equilíbrio e a recuperação de áreas degradadas, conforme pode inferir-se da leitura de Ana Paula de Barcellos;[219] a segunda tem suporte na conscientização e na aceitabilidade pela comunidade dos institutos que dão estrutura à legislação ambiental.

---

[218] "(...) além de ser também um Estado regido por princípios ecológicos; o Estado ecológico aponta para formas novas de participação política sugestivamente condensadas na expressão democracia sustentada". CANOTILHO, José Joaquim Gomes. *Estado Constitucional Ecológico e Democracia Sustentada*. In: *Direitos Fundamentais Sociais: Estudos de Direito Constitucional, Internacional e Comparado*. SARLET, Ingo Wolfgang (org.). Rio de Janeiro: Renovar, 2003, p. 494.

[219] "O direito não é um fim em si mesmo, mas instrumento de realização e pacificação, da justiça e de determinados valores escolhidos pela sociedade. A norma jurídica, portanto, pretende produzir algum efeito no mundo dos fatos; deseja moldar a realidade, alterá-la, modificá-la em alguma medida". BARCELLOS, Ana Paula de. *A Eficácia Jurídica dos Princípios Constitucionais*. Rio de Janeiro: Renovar, 2002, p. 32.

Essa tomada de consciência recente pode ser verificada principalmente a partir da constatação de que as condições tecnológicas, industriais e as formas de organização e gestões econômicas da sociedade estão em conflito com a preservação ou a recuperação do meio ambiente ecologicamente equilibrado. Diante de tal colisão, um posicionamento tende a remodelar a forma de desenvolvimento econômico num Estado de Direito Ambiental com vistas a integrar o bem ambiental como elemento de um novo modelo de Estado – estruturado a partir da crise ambiental com a qual tanto as ideologias liberais quanto as socialistas não souberam lidar, conforme expõe José Rubens Morato Leite.[220]

Como conseqüência desse desmazelo, o modelo de desenvolvimento econômico, além de degradar a natureza, gera riscos à própria sobrevivência do homem, com a extinção de recursos naturais. Por causa deste comprometimento, é fácil perceber que a vida do planeta é posta em risco. Conforme expõem os autores José Rubens Morato Leite e Patryck de Araújo Ayala,[221] para reverter tal quadro, é imprescindível que, na tomada de decisões e nas respostas dadas pelo direito ambiental, sejam considerados os interesses e direitos das futuras gerações.

Para ensejar mudanças que já começam a ser inseridas no sistema brasileiro, o Estado levará em conta a crise ambiental, a partir do ordenamento constitucional, com normas mais compatíveis à tarefa de defesa do ecossistema, isto é, um Estado intervencionista e implementador de novas políticas públicas. Ao lado de tais mudanças, outras condutas são necessárias, como o consumo sustentável numa nova cultura de mercado que proteja mais a saúde do consumidor e a qualidade ambiental.

Num Estado em transição, almeja-se visualizar quais são os elementos indispensáveis para se formar um Estado de Direito Ambiental

---

[220] "Verifica-se que, tanto as ideologias liberais como as socialistas, não souberam lidar com a crise ambiental, considerando que o capitalismo industrialista, no primeiro caso, e o coletivismo industrialista, no segundo, puseram em prática um modelo industrial agressivo aos valores ambientais da comunidade." LEITE, José Rubens Morato. *Dano Ambiental: do individual ao coletivo extrapatrimonial.* São Paulo: Revista dos Tribunais, 2000, p. 22.

[221] "Nesse sentido, a partir da conformação do texto constitucional com os dados ecológicos até a comunicação de Direito do Ambiente, em uma correta compreensão dos riscos, é proposta uma postura que lhe atribui funcionalidade, como instrumento de gestão de riscos, e não de danos, onde se acentua sua dimensão precaucional e preventiva." LEITE, José Rubens Morato; AYALA, Patryck de Araújo. *Direito Ambiental na Sociedade de Risco.* Rio de Janeiro: Forense Universitária, 2002, p. 4.

sob o ponto de vista democrático. Esta nova idéia de reorganização do Estado, a seu turno, proporcionará uma vertente da gestão participativa. Será estimulado o pleno exercício da cidadania, com vistas ao gerenciamento dos recursos ambientais num sistema de pluralismo jurídico comunitário com a efetiva participação das ONGs. As organizações não-governamentais em todo o mundo conseguiram atrair a atenção dos governos e da sociedade civil para o perigo do desenvolvimento sem cuidados com o ambiente e influenciaram na elaboração de políticas de natureza ambiental.

Além disso, os cientistas deverão buscar a melhor tecnologia, e os Poderes Executivo, Legislativo e Judiciário, juntamente com a efetiva participação do Ministério Público, comprometer-se-ão com esta idéia de um Estado de Direito Ambiental, em implementação. Tem-se, então, como Estado de Direito Ambiental a forma de Estado que tanto mantém o equilíbrio ambiental, quanto objetiva a implementação do princípio da solidariedade econômica e social para alcançar o desenvolvimento e buscar ao mesmo tempo o bem-estar social.

Para planear soluções e novas modalidades de organização social, as reais preocupações com a efetiva aplicação do direito ambiental – visto como instrumento indispensável de gestão integrada e descentralizada de riscos tecnológicos – e de suas eficácias jurídica e social motivam o homem a repensar sobre o modelo de Estado e de sistema econômico. Tal mudança pressupõe a repolitização da realidade e o exercício radical da cidadania individual e coletiva, indicando a efetivação do direito fundamental ao meio ambiente ecologicamente equilibrado.

A norma que o fundamentará há de ser entendida como um projeto com capacidade para vincular o Poder Público e os particulares no dever de defender o meio ambiente ecologicamente equilibrado para as gerações presentes e futuras. Conforme disserta Ioberto Tatsch Banunas,[222] o emergente Estado de Bem-Estar Ambiental possui apenas uma via e única direção: a preservação da vida humana e dos bens ambientais para as gerações do futuro.

No momento presente, o Estado de Direito Ambiental aparenta ser uma utopia democrática. É inevitável levantar a hipótese de que poderá ser criado, ante as necessidades da humanidade, um Estado de

---

[222] "(...) o Estado de Bem-Estar Ambiental possui apenas uma via, uma direção: a preservação da vida e dos recursos naturais para futuras gerações. Se outra via ou direção for tomada, o colapso virá." BANUNAS, Ioberto Tatsch. *Op.cit.*, p. 30.

Direito Ambiental. Da resposta, evidentemente depende a reorganização do Estado. Ou seja, deve-se lutar pelas eficácias jurídica e social das normas de direito ambiental. Para esta utopia poder ser concretizada, conta-se com a legislação brasileira, especialmente com o artigo 193 da Constituição do Brasil,[223] norma programática de um Estado social.

Além disso, o art. 225 da Constituição é base para o Estado de Direito Ambiental. A reconfiguração de forças políticas e econômicas, num mundo com desigualdades sociais e ambientalmente degradadas em escala planetária, tornam o Estado de Direito Ambiental uma utopia realizável, conforme José Rubens Morato Leite e Patryck de Araújo Ayala,[224] Em face disso, a nossa Constituição pode ser apontada como uma Constituição do ambiente.

A reorganização das funções deste novo Estado conduz a modernos conceitos e fins do Poder Público que definem mudanças na forma de desenvolvimento econômico – são, por exemplo, novas fórmulas econômicas que impõem o uso racional do patrimônio natural. Determina ainda a implementação progressiva da legislação restritiva ao próprio direito de propriedade. Mas, para consolidar esta mudança, é necessário um Estado Democrático com três pilares fortes e independentes: Executivo, Legislativo e Judiciário, com um Ministério Público forte, independente e atuante.

A tarefa é difícil em face da complexidade dos problemas atuais da economia e da situação de transição enfrentada pela sociedade, através da globalização e de outros fenômenos emergentes. Isso não quer dizer que o Estado de Direito Ambiental seja impossível. Conforme observam José Rubens Morato Leite e Patryck de Araújo Ayala,[225]

---

[223] "A ordem social tem como base o primado do trabalho, e como objetivo o bem-estar social e a justiça sociais."

[224] "Em horizonte de início de milênio na reconfiguração das forças políticas de um mundo marcado por desigualdades sociais, empobrecimento das maiorias e degradação ambiental, em escala planetária, a construção de um Estado do ambiente parece uma utopia realista, porque se sabe que os recursos ambientais são finitos e antagônicos com a produção de capital e o consumo existentes." LEITE, José Rubens Morato; AYALA, Patryck de Araújo. *Op.cit*, p. 20.

[225] "O que fica insofismável nesta altura é que o Estado, levando em conta a crise ambiental, tem passado por enormes exigências de transformação, e que já começam a ser inseridas, no plano do ordenamento constitucional, normas mais compatíveis com esta tarefa. Um exemplo típico é o do artigo 225 da Constituição da República Federativa do Brasil de 1988, que, condizente com a sensibilidade da crise ambiental, diz: 'Todos têm direito ao meio ambiente ecologicamente equilibrado, bem de uso comum do povo e essencial à sadia qualidade de vida, impondo-se ao poder público e à coletividade o dever de defendê-lo para as presentes e futuras gerações." LEITE, José Rubens Morato; AYALA, Patryck de Araújo. *Op.cit, p.* 26.

este novo Estado está em construção – no Brasil, tal possibilidade está sendo concretizada a partir do reconhecimento do direito fundamental ao meio ambiente ecologicamente equilibrado como direito fundamental na Constituição do Brasil e da efetivação do princípio fundamental da educação ambiental.

Os valores ambientais, componentes do Direito Ambiental – tais como a sadia qualidade de vida e o equilíbrio ambiental –, devem ser implementados pelo Estado de Direito Ambiental em harmonia com os valores econômicos. Portanto, esta harmonia não é compatível com qualquer forma de reducionismo. Esta nova finalidade do Estado tem uma proposta de modificação na forma de desenvolvimento, que sugere o uso racional do patrimônio natural, conforme José Rubens Morato Leite e Patryck de Araújo Ayala.[226] Em última análise, o Estado de Direito Ambiental pressupõe um sistema jurídico pós-moderno e a eficácia do direito ambiental em duas dimensões: a jurídica e a social.

4.2. Os contornos do Estado de Direito Ambiental

Os contornos que circunscrevem o Estado de Direito Ambiental e demarcam suas dimensões são de extrema importância. Para formatar-se tal Estado, além da necessidade de ser um Estado de direito, há de ser também democrático e social, elementos inseparáveis e indispensáveis, conforme lição de José Rubens Morato Leite.[227] Porquanto, lembra o autor que a Constituição do Brasil de 1988 possui normas compatíveis com o Estado de Direito Ambiental.[228] Na construção

---

[226] "Estes conflitos e novos fins (direitos) do Estado, no entanto, avançam no sentido de propor mudanças na forma de desenvolvimento, com base em uma nova fórmula econômica, e propugnam pelo uso racional do patrimônio natural." LEITE, José Rubens Morato; AYALA, Patryck de Araújo. *Op.cit.*, p. 25.

[227] "De início, é mister pontuar-se que, para formular um Estado de direito do ambiente, este 'além de ser um Estado de direito, um Estado democrático, um Estado social, deve também modelar-se como Estado ambiental', conforme alerta Canotilho'. Isto significa dizer que, para prevalecer um Estado de direito do ambiente, há que contar-se com todos estes elementos inseparáveis e indispensáveis para sua configuração." LEITE, José Rubens Morato. *Op.cit.*, p. 27-28.

[228] "Resta insofismável, nesta altura, que o Estado, levando em conta a crise ambiental, tenha passado por enormes exigências de transformações e que já começam a ser inseridas, no plano do ordenamento constitucional, normas mais compatíveis com esta tarefa. Um exemplo típico (art. 225, da Constituição Federativa do Brasil, 1988, que, condizente com a sensibilidade da crise ambiental, diz: Todos têm direito ao meio ambiente ecologicamente equilibrado, bem de

deste Estado, na vertente ambiental, deve estar presente um sistema legislativo aberto à participação da coletividade, conforme sustentam os autores José Rubens Morato Leite e Patryck de Araújo Ayala.[229]

O Estado de Direito Ambiental exige uma constante atualização legislativa e um corpo de leis adequadas à harmonização da defesa ambiental com a economia. Carece da incorporação de valores ambientais, tais como o direito ao meio ambiente ecologicamente equilibrado e a sadia qualidade de vida e a institucionalização dos deveres para com a natureza. Aos direitos fundamentais correspondem deveres também do Poder Público adotar medidas positivas para a defesa ambiental, bem como editar legislação com a finalidade de regulamentar o uso dos recursos ambientais. Nesse sentido é a lição de José Joaquim Gomes Canotilho.[230]

Também deverá estar lastreado nos princípios da precaução e atuação preventiva – que exige o fortalecimento dos órgãos estatais competentes para melhorar a execução dos planos ambientais e dos textos legislativos, visando a uma efetiva organização política-administrativa e legislativa de proteção aos recursos ambientais –; no princípio da cooperação – que pressupõe a efetiva participação comunitária, ou cidadania participativa –; e no princípio da responsabilização – que impõe ao poluidor, além da obrigação de reparar o dano causado, as sanções cabíveis, segundo autorização legislativa.

O Estado exige ainda uma cidadania participativa e solidária com as presentes e futuras gerações. A participação vislumbra-se no processo legislativo e nas decisões que envolvem a questão ambiental. A participação na elaboração da legislação e na efetiva participação nas decisões, especialmente nos Conselhos de Meio Ambiente, contribuem para a conscientização comunitária sobre os riscos do desequilíbrio

---

uso comum do povo e essencial à sadia qualidade de vida, impondo-se ao Poder Público e à coletividade o dever de defendê-lo e preservá-lo para as presentes e futuras gerações." LEITE, José Rubens Morato. *Op.cit.*, p. 31-32.

[229] "Na construção do Estado democrático, na vertente ambiental, deve imperar um sistema legislativo que viabilize a coletividade a participar das decisões e obter informações ambientais indispensáveis para a tomada de consciência e emitir opiniões sobre o tema". LEITE, José Rubens Morato; AYALA, Patryck de Araújo. *Op.cit.*, p. 33.

[230] "(...) dir-se-ia que constitui um dever geral do Estado adoptar actos positivos pra a defesa e protecção de direitos normativamente consagrados na Constituição, desde logo quando estiver em causa a protecção de direitos, liberdades e garantias de natureza pessoal. O Estado terá o dever de agir normativamente quando a edição de uma norma é condição indispensável à protecção do ambiente." CANOTILHO, José Joaquim Gomes. *Op.cit.*, p. 503.

ambiental e tornam as decisões transparentes. Para os autores José Rubens Morato Leite e Patryck de Araújo Ayala, esta transparência conduz à aceitabilidade das decisões[231] tanto do administrador ambiental quanto do Poder Judiciário – o que é muito importante, pois a efetividade social do direito ambiental implica a restrição ao próprio direito de propriedade sobre os bens ambientais.

A efetividade social do direito ambiental só se tornará uma realidade quando houver a aceitação das restrições impostas pela legislação ambiental nos três níveis (Federal, Estadual e Municipal). Mudanças radicais e estruturais da sociedade contemporânea devem ser observadas para que possa ser concretizado o Estado de Direito Ambiental. Tal fato carece de uma cidadania participativa para atuar em conjunto com o Poder Público na proteção dos bens ambientais. A concretização deste Estado exige solidariedade, conforme expõem José Rubens Morato Leite e Patryck de Araújo Ayala.[232]

Para tanto, a educação ambiental é um dos instrumentos do Estado Ambiental e mola mestra do exercício da cidadania, fundamental para conscientizar a sociedade. O efetivo exercício da cidadania exige a participação dos indivíduos e do Poder Público para que seja defendida e preservada a natureza, cujos titulares são as presentes e futuras gerações, como determina a legislação brasileira. Não se deve esquecer, contudo, que todos têm direito a uma vida sadia, na perspectiva individualista e coletiva, conforme leciona o jurista português José Joaquim Gomes Canotilho.[233] No mesmo sentido é a lição dos juristas

---

[231] "A participação redunda na transparência do processo e na legitimidade da decisão ambiental, contribuindo de maneira profunda para a conscientização da problemática ambiental. E mais, essa transparência implicará uma decisão ambiental com maior consenso com vistas à aceitação da coletividade e para a produção de seus efeitos de forma mais pacífica". LEITE, José Rubens Morato; AYALA, Patryck de Araújo. *Op.cit.*, p. 34.

[232] "De fato, a concretização do Estado de Direito Ambiental converge obrigatoriamente para mudanças radicais nas estruturas existentes da sociedade organizada. E não há como negar que a conscientização global da crise ambiental exige uma cidadania participativa, que compreende uma ação conjunta do Estado e da coletividade na proteção ambiental. Não se pode adotar uma visão individualista e sem solidariedade sobre as responsabilidades difusas globais a respeito da proteção ambiental". LEITE, José Rubens Morato; AYALA, Patryck de Araújo. *Op.cit.*, p. 28-29.

[233] "(...) a existência de um direito individual fundamental ao ambiente, constitucionalmente consagrado, ou num sentido privatista, pretendendo dizer-se que a defesa do ambiente passa ainda, hoje, pela utilização de direitos (e acções, recursos) marcadamente privatísticos (direito de propriedade, direito à integridade física, acções de vizinhança)". CANOTILHO, José Joaquim Gomes. *Op.cit.*, p. 497.

brasileiros José Rubens Morato Leite e Patryck de Araújo Ayala.[234]

Conforme José Joaquim Gomes Canotilho,[235] o Estado de Direito, na transformação para um Estado Ambiental, deverá agregar na sua forma princípios e valores materiais que permitam o exame dos critérios de justiça e de injustiça. Ora, a defesa dos interesses ambientais enquadra-se no próprio conceito de justiça quando revela a preocupação com uma vida digna. O mesmo autor,[236] ao dissertar sobre Estado de Direito e Estado Ambiental, anota a necessidade de que o Estado Ambiental sempre será um Estado democrático ou garantista. Tais condições são relevantes, pois revelam o compromisso e a solidariedade entre as gerações, tendo o Poder Público como guardião e ao mesmo tempo co-responsável no que se classifica como Poder-Dever.

O Estado Ambiental, pelo que foi discutido até o momento, tem obrigações para com a pessoa humana, considerada individualmente, e também para com as presentes e futuras gerações, com a obrigação de promover políticas públicas de preservação do equilíbrio ambiental, promover a educação ambiental. Também é dever fundamental procurar cada vez mais qualificar a implementação do desenvolvimento sustentável. Estas referências encontram apoio na doutrina, especialmente em José Joaquim Gomes Canotilho.[237]

---

[234] "Desta forma, no Estado democrático ambiental, o bem ambiental deve pertencer à coletividade e não integra o patrimônio disponível do Estado, impedindo o uso irracional e autoritário do patrimônio ambiental pelo Poder Público e particular. Trata-se, assim, de uma verdadeira realização de justiça social ambiental em que a sua consecução deve ser compartilhada por todos os componentes da sociedade, exigindo-se o exercício de responsabilidade solidária na gestão ambiental e que pressupõe uma unidade de ação de multiatores". LEITE, José Rubens Morato; AYALA, Patryck de Araújo. *Op.cit.*, p. 33.

[235] "O Estado de direito aproximar-se-á de um Estado de justiça se incorporar princípios e valores materiais que permitam aferir do carácter justo ou injusto das leis, da natureza justa ou injusta das instituições e do valor ou desvalor de certos comportamentos." CANOTILHO, José Joaquim Gomes. *Estado de Direito*. Lisboa: Gradiva Publicações, 1999, p. 41.

[236] "Esta expressão dá guarida às exigências de os Estados e as comunidades políticas conformarem as suas políticas e estruturas organizatórias de forma ecologicamente auto-sustentada. De qualquer forma, o Estado ambiental terá de ser um Estado de direito. Isto tem grande relevo prático. Afasta-se de qualquer fundamentalismo ambiental que, por amor ao ambiente, resvalasse para formas políticas autoritárias e até totalitárias com desprezo das dimensões garantísticas do Estado de direito." CANOTILHO, José Joaquim Gomes, *Op.cit.*, p. 43.

[237] "A qualificação de um Estado como 'Estado ambiental' aponta para duas dimensões jurídico-políticas particularmente relevantes. A primeira é a obrigação de o Estado, em cooperação com outros Estados e cidadãos ou grupos da sociedade civil, promover políticas públicas (econômicas, educativas, de ordenamento) pautadas pelas exigências da sustentabilidade ecológica. A segunda relaciona-se com o dever de adopção de comportamentos públicos e privados amigos do ambiente de forma a dar expressão concreta à assumpção da responsabilidade dos poderes públicos perante as gerações futuras". CANOTILHO, José Joaquim Gomes, *Op.cit.*, p. 44.

4.3. A educação ambiental como instrumento do Estado de Direito Ambiental

O direito fundamental ao meio ambiente ecologicamente equilibrado – em sua implementação lenta e gradual, à medida que outros direitos também fundamentais, amoldam-se a ele – revela novos paradigmas através de um processo permanente, que implica radical mudança cultural e releitura de conceitos a caminho da efetivação do Estado de Direito Ambiental. Nesta evolução, outros direitos também essenciais impõem direitos e deveres. Um dos mais importantes é o direito à educação, sedimentado na Constituição do Brasil de 1988 e na Lei nº 9.735/99, que dispõe sobre a educação ambiental e institui a Política Nacional de Educação Ambiental – uma nova prática para defender os recursos naturais e a qualidade de vida. A Constituição do Brasil, conforme expõe Sergio Luís Mendonça Alves,[238] instituiu como instrumento para proteger o meio ambiente ecologicamente equilibrado a educação ambiental como princípio fundamental que decorre dos direitos e deveres fundamentais.

O art. 225, § 1º, inciso VI,[239] da Constituição Federal, não conceitua educação ambiental deixando este ônus implicitamente para as legislações ordinárias. Contudo, estabelece que é incumbência do Poder Público efetivar o direito ao meio ambiente ecologicamente equilibrado. Nos arts. 6º[240] e 205[241] da Constituição, ainda pode-se

---

[238] "A Constituição do Brasil, de 1988, adotou a educação ambiental como princípio ambiental fundamental, ao determinar no capítulo destinado à proteção ambiental que, 'para assegurar a todos o direito ao meio ambiente ecologicamente equilibrado, bem de uso comum do povo e essencial à sadia qualidade de vida, impunha-se ao poder público promover a educação ambiental em todos os níveis de ensino e a conscientização pública para a preservação do meio ambiente' (art. 225, § 1º, VI)". ALVES, Sergio Luís Mendonça. *Estado Poluidor*. São Paulo: Juarez de Oliveira, 2003, p. 47.

[239] "Art. 225. Todos têm direito ao meio ambiente ecologicamente equilibrado, bem de uso comum do povo e essencial à sadia qualidade de vida, impondo-se ao poder público e à coletividade o dever de defendê-lo e preservá-lo para as presentes e futuras gerações.
§ 1º. Para assegurar a efetividade desse direito, incumbe ao Poder Público:
VI – promover a educação ambiental em todos os níveis de ensino e a conscientização pública para a preservação do meio ambiente."

[240] "Art. 6º. São direitos sociais a educação, a saúde, o trabalho, a moradia, o lazer, a segurança, a previdência social, a proteção à maternidade e à infância, a assistência aos desamparados, na forma desta Constituição."

[241] "Art. 205. A educação, direito de todos e dever do Estado e da família, será promovida e incentivada com a colaboração da sociedade, visando ao pleno desenvolvimento da pessoa, seu preparo para o exercício da cidadania e sua qualificação para o trabalho."

O Direito ao Meio Ambiente
ECOLOGICAMENTE EQUILIBRADO COMO DIREITO FUNDAMENTAL

identificar a educação como parte dos direitos sociais e também como um direito fundamental, tendo o Estado o dever de promovê-la como meio para assegurar o direito a uma vida digna em um ambiente saudável. O conceito de educação ambiental é fixado pelo art. 1°[242] da Lei nº 9.795, de 27 de abril de 1999 – além de defini-la como processo evolutivo e social, agrega a sustentabilidade dos bens ambientais como ponto de referência.

Além de conceituar a educação ambiental, esta lei estabelece os princípios orientadores da educação ambiental em seu art. 4°:[243] trata do meio ambiente natural, cultural e interno ou do trabalho sob o ponto de vista do desenvolvimento sustentável, e trata da questão ambiental sob a ótica planetária. Esta lei sabiamente dispôs sobre a prevenção nos objetivos da educação ambiental – ainda em seu art. 5°,[244]

---

[242] "Entendem-se por educação ambiental os processos por meio dos quais o indivíduo e a coletividade constróem valores sociais, conhecimentos, habilidades, atitudes e competências voltadas para a conservação do meio ambiente, bem de uso comum do povo, essencial à sadia qualidade de vida e sua sustentabilidade".

[243] "Art. 4°. São princípios básicos da educação ambiental:
I – o enfoque humanista, holístico, democrático e participativo;
II – a concepção do meio ambiente em sua totalidade, considerando a interdependência entre o meio natural, o sócio-econômico e o cultural, sob o enfoque da sustentabilidade;
III – o pluralismo de idéias e concepções pedagógicas, na perspectiva da inter, multi e transdisciplinaridade;
IV – a vinculação entre a ética, a educação, o trabalho e as práticas sociais;
V – a garantia de continuidade e permanência do processo educativo;
VI – a permanente avaliação crítica do processo educativo;
VII – a abordagem articulada das questões ambientais locais, regionais, nacionais e globais;
VIII – o reconhecimento e o respeito à pluralidade e à diversidade individual e cultural."

[244] "Art. 5°. São objetivos fundamentais da educação ambiental:
I – o desenvolvimento de uma compreensão integrada do meio ambiente e suas múltiplas e complexas relações, envolvendo aspectos ecológicos, psicológicos, legais, políticos, sociais, econômicos, científicos, culturais e éticos;
II – a garantia de democratização das informações ambientais;
III – o estímulo e o fortalecimento de uma consciência crítica sobre a problemática ambiental e social;
IV – o incentivo à participação individual e coletiva, permanente e responsável, na preservação do equilíbrio do meio ambiente, entendendo-se a defesa da qualidade ambiental como um valor inseparável do exercício da cidadania;
V – o estímulo à cooperação entre as diversas regiões do País, em níveis micro e macrorregionais, com vistas à construção de uma sociedade ambientalmente equilibrada, fundada nos princípios da liberdade, igualdade e solidariedade, democracia, justiça social, responsabilidade e sustentabilidade;
VI – o fomento e o fortalecimento da integração com a ciência e a tecnologia;
VII – o fortalecimento da cidadania, autodeterminação dos povos e solidariedade como fundamentos para o futuro da humanidade." determina que o processo de educação é um dos instrumentos para a cidadania ambiental, visto que as atividades econômicas do homem interferem no ecossistema, muitas vezes causando-lhe danos irreversíveis e irreparáveis, tais como a extinção

Visando à preservação da qualidade ambiental para a continuidade da vida no planeta, o Estado intervém no sistema educacional. Nos termos do art. 3º e incisos[245] da Lei nº 9.795/99, é obrigação dos entes públicos a promoção de educação ambiental: ao Estado cabe assegurar a educação para a defesa do ecossistema ecologicamente equilibrado, afinal a educação é um direito de todos. Contudo, é inviável ao Poder Público assumir, sem a participação da sociedade, a responsabilidade de defender o meio ambiente e de atuar contra todas as atividades que possam produzir impactos negativos, diretos ou indiretos, sobre o ecossistema.

Com o efetivo conhecimento das questões ambientais no seu aspecto social, ambiental e econômico, a sociedade pode e deve participar do controle da qualidade do ecossistema e intervir nas decisões e políticas públicas, visando ao bem comum – principalmente numa sociedade de consumo como a atual, nas quais alguns buscam lucro à custa da natureza e dos interesses legítimos da maioria. Para assegurar a defesa ambiental, a legislação preocupa-se com a efetivação do direito à educação. A Lei 9.705/99, em seu art. 8º,[246] dispõe sobre as

---

de espécies. Por exemplo, a mineração a céu aberto, por causa de fantásticas remoções de terra, pedras, vegetais, etc., elimina espécies da fauna, da flora e, pelo uso abusivo e descuidado de produtos químicos, polui os rios que abastecem nossas populações, e o ar, necessário à vida.

[245] "Art. 3º. Como parte do processo educativo mais amplo, todos têm direito à educação ambiental, incumbindo:

I – ao Poder Público, nos termos dos arts. 205 e 225 da Constituição Federal, definir políticas públicas que incorporem a dimensão ambiental, promover a educação ambiental em todos os níveis de ensino e o engajamento da sociedade na conservação, recuperação e melhoria do meio ambiente;

II – às instituições educativas, promover a educação ambiental de maneira integrada aos programas educacionais que desenvolvem;

III – aos órgãos integrantes do Sistema Nacional de Meio Ambiente, promover ações de educação ambiental integradas aos programas de conservação, recuperação e melhoria do meio ambiente;

IV – aos meios de comunicação de massa, colaborar de maneira ativa e permanente na disseminação de informações e práticas educativas sobre meio ambiente e incorporar a dimensão ambiental em sua programação;

V – às empresas, entidades de classe, instituições públicas e privadas, promover programas destinados à capacitação dos trabalhadores, visando à melhoria e ao controle efetivo sobre o ambiente do trabalho, bem como sobre as repercussões do processo produtivo no meio ambiente;

VI – à sociedade como um todo, manter atenção permanente à formação de valores, atitudes e habilidades que propiciem a atuação individual e coletiva voltada para a preservação, a identificação e a solução de problemas ambientais."

[246] "Art. 8º. As atividades vinculadas à Política Nacional de Educação Ambiental devem ser desenvolvidas na educação em geral e na educação escolar, por meio das seguintes linhas de atuação inter-relacionadas:

I – capacitação de recursos humanos;

II – desenvolvimento de estudos, pesquisas e experimentações;

atividades vinculadas à Política Nacional de Educação Ambiental a serem desenvolvidas na educação em geral e na educação escolar, visando ao aperfeiçoamento contínuo do educador e do educando, inclusive quanto à gestão ambiental.

A educação faz-se presente, objetivando uma maior capacitação da pessoa humana para uma adequada convivência em harmonia com a natureza, bem como a compreensão dos riscos que uma irracional e inadequada utilização dos bens ambientais acarreta. Igualmente, visa estabelecer e demonstrar as vantagens e os benefícios da implementação séria de atitudes e obras em prol do meio ambiente. Ou seja, preparam a humanidade para restabelecer o pacto com a Terra, um pacto do homem com natureza – idealizado nesse novo Estado.

III – produção e divulgação de material educativo;
IV – acompanhamento e avaliação;
§ 1º . Nas atividades vinculadas à Política Nacional de Educação Ambiental serão respeitados os princípios e objetivos fixados por esta Lei.
§ 2º. A capacitação de recursos humanos voltar-se-á para:
I – a incorporação da dimensão ambiental na formação, especialização e atualização dos educadores de todos os níveis e modalidades de ensino;
II – a incorporação da dimensão ambiental na formação, especialização e atualização dos profissionais de todas as áreas;
III – a preparação de profissionais orientados para as atividades de gestão ambiental;
IV – a formação, especialização e atualização de profissionais na área de meio ambiente;
V – o atendimento da demanda dos diversos segmentos da sociedade no que diz respeito à problemática ambiental.
§ 3º. As ações de estudos, pesquisas e experimentações voltar-se-ão para:
I – o desenvolvimento de instrumentos e metodologias, visando à incorporação da dimensão ambiental, de forma interdisciplinar, nos diferentes níveis e modalidades de ensino;
II – a difusão de conhecimentos, tecnologias e informações sobre a questão ambiental;
III – o desenvolvimento de instrumentos e metodologias, visando à participação dos interessados na formulação e execução de pesquisas relacionadas à problemática ambiental;
IV – a busca de alternativas curriculares e metodológicas de capacitação na área ambiental;
V – o apoio a iniciativas e experiências locais e regionais, incluindo a produção de material educativo;
VI – a montagem de uma rede de banco de dados e imagens, para apoio às ações enumeradas nos incisos I a V."

5. Eficácia das normas fundamentais em matéria ambiental

5.1. Considerações preliminares

O ponto principal da vinculação do Poder Público e das entidades privadas ao direito fundamental ao meio ambiente ecologicamente equilibrado pode ser considerado a efetiva aplicabilidade e eficácia das normas constitucionais ambientais. Tal política decorre do dever fundamental do Poder Público e da faculdade dos particulares para defenderem o meio ambiente, preservando-o às gerações do presente e do futuro.

A vinculatividade do Poder Público e dos particulares ao direito fundamental, para o jurista Ingo Wolfgang Sarlet,[247] é uma das principais dimensões da eficácia. No caso do direito ao meio ambiente, a vinculação determina o uso racional dos bens ambientais e, igualmente veda a utilização que comprometa o equilíbrio ambiental essencial à sadia qualidade de vida, uma vida com dignidade.

Ao instituir o dever de proteger e de preservar, a vinculação passa a constituir uma das principais dimensões da aplicabilidade do direito fundamental ao cuidado com ambiente. Sob pena de desmoralizar os próprios institutos jurídicos – institutos que devem estar em harmonia com o sistema econômico –, a aplicabilidade da legislação ambiental implicam em mudança na realidade cultural e econômica brasileira, e

---

[247] "A problemática da vinculação dos poderes públicos e das entidades privadas aos direitos fundamentais encontra-se estreitamente ligada ao tema da eficácia e da aplicabilidade, já que a vinculatividade dos direitos fundamentais constitui precisamente uma das principais dimensões da eficácia". SARLET, Ingo Wolfgang. *Op.cit.,* p. 325-326.

na necessidade progressiva de implementar e aperfeiçoar o direito ambiental.

Ao tratar da eficácia dos direitos sociais, Ruy Ruben Ruschel[248] defende que as normas definidoras de direitos e garantias fundamentais têm aplicação imediata. Na verdade, isso é sustentado porque as normas constitucionais que garantem à humanidade um ambiente sadio – sem compromisso com os demais direitos fundamentais – não são questionáveis; e nem poderiam ser porque é um direito que, por ser essencial à vida com dignidade, sobrepõe-se aos demais. Na verdade, tais normas deixam entrever que não há óbice à aplicabilidade imediata das normas que definem o meio ambiente ecologicamente equilibrado como direito fundamental, conforme Annelise Monteiro Steigleder.[249]

Quanto à efetividade ou à eficácia das normas de direito ambiental, depois de detalhado exame da questão, Paulo de Bessa Antunes[250] sustenta que estas normas são de eficácia plena, isto é, não dependem de regulamentação, razão pela qual Édis Milaré[251] denomina que a proteção ao meio ambiente é forma autônoma e direta: as normas de direito fundamental têm eficácia e são imediatamente aplicáveis. Para o autor, não existem normas constitucionais de caráter meramente moral e sem valor jurídico – por mais ideológica ou pragmática que sejam. Ou seja, Édis Milaré explica que, se as normas estão nas constituições, são para serem usadas – não possuem a finalidade de enfeite. Ainda uma última observação quanto à aplicabilidade imediata das normas: além da eficácia plena, as normas asseguram o direito ao meio ambiente ecologicamente equilibrado, e devem ser coerentes com a

---

[248] RUSCHEL, Ruy Ruben. *Op.cit.*, p. 140.

[249] STEIGLEDER, Annelise Monteiro. *Op.cit.*, p. 272.

[250] "Não temos dúvidas em afirmar que as normas que consagram o direito ao meio ambiente sadio são de eficácia plena e não necessitam de qualquer norma subconstitucional para que operem efeitos no mundo jurídico." ANTUNES, Paulo de Bessa, 2002. *Op.cit.*, p. 47.

[251] "De grande alcance foi à decisão do constituinte pátrio de albergar, na Carta Magna, a proteção do meio ambiente de forma autônoma e direta, por isso que as normas constitucionais não representam apenas um programa ou ideário de um determinado momento histórico, mas são dotadas de eficácia e imediatamente aplicáveis. Como ensina José Afonso da Silva, não se nega que as normas constitucionais têm eficácia e valor jurídico diversos umas de outras, mas isso não permite recusar-lhes juridicidade. Não há norma constitucional de valor meramente moral ou de conselho, avisos ou lições, pois todo princípio inserto numa Constituição rígida adquire dimensão jurídica, mesmo aqueles de caráter mais acentuadamente pragmático ou ideológico." MILARÉ, Édis. *Op.cit.*, p. 233-234.

eficácia jurídica e a eficácia social, posicionamentos defendidos por Juarez Freitas.[252]

Nos termos do art. 5º, § 1º, da Constituição brasileira, o princípio da aplicação imediata da norma que assegura direito fundamental diz respeito a todas as normas de direitos fundamentais, o que evidentemente abrange o tema tratado. Trata-se de preceito atual com força normativa, pois todas as regras que reconhecem direitos e que são positivadas nas constituições têm esta característica, conforme expõe Uadi Lammêgo Bulos.[253]

No sistema constitucional brasileiro, o postulado de aplicabilidade imediata das garantias fundamentais pode ser entendido como mandado de otimização da eficácia da norma constitucional, o que implica garantia da implementação da legislação. O sistema determina a aplicação imediata da norma de direito fundamental ambiental – defere-lhe também a maior eficácia possível, como fator de melhoria da qualidade ambiental. Em razão da eficácia, os atos do Poder Público devem tomar como referencial os direitos fundamentais, pois eles reconhecem direitos – por exemplo, o direito fundamental ao meio ambiente ecologicamente equilibrado, funda-se na Constituição, e baliza a legislação e a sua interpretação e aplicação.

É ainda importante constatar que o preceito de direito fundamental ao ambiente segue a regra geral dos direitos fundamentais, independentemente do modo medial o qual são exercidas as atividades do Poder Público, fundamenta uma vinculação, dos órgãos públicos e das funções estatais. A amplitude desta vinculação no sistema jurídico nacional – ao contrário do que enuncia o art. 18/1 da Constituição

---

[252] "Ao serem hierarquizados, prudencialmente, os princípios, as regras e os valores constitucionais, a interpretação sistemática aplica, no exame da Constituição, o 'metacritério' hierárquico-axiológico, escalonando sempre, situando os princípios na base e no ápice do sistema, vale dizer, fundamento e cúpula do mesmo. A par disso, o intérprete sistemático da Lei Fundamental deve guardar vínculo com a excelência ou otimização máxima da efetividade do discurso normativo, no que esta possui de eticamente superior e universalizável, conferindo-lhe, assim, a devida coerência – eficácia jurídica – e a não menos devida eficácia social." FREITAS, Juarez. *A Interpretação Sistemática do Direito*. 3ª ed. São Paulo: Malheiros, 2002, p. 288.
[253] "Não existe na Constituição norma não jurídica ou com eficácia normativa dependente ou futura. Ficou superada a distinção estabelecida pela doutrina alemã de Weimar entre norma jurídica atual e norma programática. Todas as normas são atuais, pois possuem força normativa, independentemente do ato de transformação legislativa. A unanimidade das normas constitucionais gozam de eficácia jurídica, sendo aplicáveis nos limites desta eficácia." BULOS, Uadi Lammêgo. *Op.cit.*, p. 345.

portuguesa,[254] que prevê a vinculação das entidades públicas e privadas aos direitos fundamentais – não é norma expressa na Constituição do Brasil de 1988, que silenciou quanto à questão, limitando-se a proclamar a imediata aplicabilidade das normas de direito fundamental. Por força desta vinculação, inexiste ato de entidade pública que dispensar o cuidado com o equilíbrio ambiental. Para o consagrado jurista pátrio José Afonso da Silva,[255] os deveres decorrentes do art. 5º, § 1º, da Constituição têm como destinatário principal o Poder Público e seus agentes – vinculando-os assim, como também o faz com os particulares. O mesmo sentido outorgado ao art. 18/1 da Constituição Portuguesa, que expressamente dispõe sobre a vinculação, foi atribuído ao art. 5º, § 1º, da Constituição do Brasil de 1988, – ao contrário da legislação portuguesa, a legislação brasileira não é expressa neste sentido.

A norma contida no art. 5º, § 1º, da Constituição, pode ser considerada um reforço da eficácia vinculante, inerente aos preceitos constitucionais em geral, especialmente os que digam respeito ao tema tratado. Na obrigação de tudo fazer para concretizar o direito fundamental ambiental, o Poder Público e seus agentes formalmente considerados, encontram-se obrigados ao cumprimento da legislação. Como o efeito vinculante decorre do art. 5º, § 1º, da Constituição, os direitos fundamentais não se encontram na esfera de disponibilidade nem do Poder Público nem dos particulares, porque o direito fundamental ao meio ambiente ecologicamente equilibrado é indisponível.

Por sua natureza jurídica, o efeito vinculante do direito fundamental ao ambiente sadio alcança não apenas cada pessoa jurídica de direito público, mas também as pessoas físicas e jurídicas de direito privado – que, nas suas atividades, dispõem de atribuições de natureza pública, assim como acontece com as pessoas jurídicas de direito público na sua atuação na esfera do direito privado. O que se pretende com tal abrangência do efeito vinculante é evitar que os órgãos da administração venham frustrar a garantia do direito fundamental am-

---

[254] "Art. 18º (Força jurídica) 1. Os preceitos constitucionais respeitantes aos direitos, liberdades e garantias são directamente aplicáveis e vinculam as entidades públicas e privadas". MIRANDA, Jorge; SILVA, Jorge Pereira da. *Op.cit.*, p. 49.

[255] "Na verdade, os deveres que decorrem dos incisos do art. 5º têm como destinatários mais o poder público e seus agentes em qualquer nível do que os indivíduos em particular. A inviolabilidade dos direitos assegurados impõe deveres a todos, mas especialmente às autoridades e detentores do poder." SILVA, José Afonso da. *Curso de Direito Constitucional Positivo.* 11ª ed. São Paulo: Malheiros, 1996, p. 193.

biental por meio de uma atuação nas formas do direito privado. Na medida em que atuam no interesse público ou social para assegurar o meio ambiente ecologicamente equilibrado para as presentes e futuras gerações, os órgãos administrativos são vinculados pelo direito fundamental em todas as suas formas de manifestação e atividades.

Na relação estabelecida entre os órgãos da administração e o direito fundamental ao ambiente – no qual se tem o princípio da constitucionalidade imediata da administração –, a vinculação ao direito fundamental significa que o Poder Público e seus agentes devem executar apenas as leis que atendam ao direito ao meio ambiente ecologicamente equilibrado: as leis devem ser aplicadas e interpretadas em conformidade com o direito fundamental. O não-atendimento a estes postulados poderá levar à invalidação em ação judicial dos atos administrativos contrários ao direito fundamental.

No entanto, os órgãos públicos devem observar nas suas decisões os parâmetros contidos na ordem de valores ambientais da Constituição. Iluminados pelos princípios da sadia qualidade de vida e da vida com dignidade, tais valores passam a assumir especial relevo na esfera da aplicação e da interpretação de conceitos abertos dos princípios e normas de direito ambiental – por exemplo, a possibilidade jurídica de anular judicialmente autorização ou licenciamento para a construção de obras, tais como estradas, sem o estudo prévio de impacto ambiental, considerado um dos instrumentos para a defesa da qualidade do meio ambiente[256] e, portanto, exigido pela Constituição de 1988 (art. 225, inciso IV, CF). O princípio da defensividade do meio ambiente ecologicamente equilibrado embasa a norma constitucional, formata o sistema jurídico ambiental, é o cerne do direito ambiental brasileiro, e orienta a eficácia de suas normas e princípios. Neste sentido, expõe Paulo Roberto Lyrio Pimenta.[257]

---

[256] "Art. 225. Todos têm direito ao meio ambiente ecologicamente equilibrado, bem de uso comum do povo e essencial à sadia qualidade de vida, impondo-se ao Poder Público e à coletividade o dever de defendê-lo e preservá-lo para as presentes e futuras gerações.
§ 1º. Para assegurar a efetividade desse direito, incumbe ao Poder Público:
(...)
IV – exigir, na forma da lei, para instalação de obra ou atividade potencialmente causadora de significação degradação do meio ambiente, estudo prévio de impacto ambiental, a que se dará publicidade."

[257] "A norma pressuposta como última é a norma fundamental, cuja validade não repousa em nenhuma outra norma, sendo, pois, o fundamento último de validez do ordenamento jurídico. Não é uma norma material. É o ponto de partido do processo de criação do direito positivo, determinando o conteúdo de validade das normas do sistema, vale dizer, a forma de criação das

Não existe norma constitucional desprovida de eficácia. O fundamento jurídico desta possibilidade de anulação é que a norma ambiental oferece diversos graus para acompanhar a evolução do sistema econômico e para buscar solução – inclusive para os problemas sociais, uma das dimensões do desenvolvimento sustentável. Como a expressão eficácia, conforme José Afonso da Silva,[258] está relacionada à capacidade de a norma atingir seus objetivos fixados previamente, a vinculação torna obrigatória a defesa ambiental e a exigência de estudo prévio de impacto ambiental.

Para dar conta deste dever, o direito ao meio ambiente apresenta-se como um direito complexo, multidimensional e multidirecional. O objetivo é proteger os bens ambientais, essenciais ao ecossistema – isto é, bens dotados de condições para propiciar a sadia qualidade de vida. Somente com a implementação efetiva do direito ambiental na sociedade, conforme o autor citado,[259] poderá ser atingida a eficácia social da norma.

As normas, conforme expõe José Afonso da Silva,[260] classificam-se em normas de eficácia plena, normas de eficácia contida e normas de eficácia limitada ou reduzida – no art. 225 e em seus parágrafos da Constituição do Brasil, há um complexo normativo com eficácias dis-

---

normas do ordenamento é determinada pela norma fundamental." PIMENTA, Paulo Roberto Lyrio. *Eficácia e Aplicabilidade das Normas Constitucionais Programáticas*. São Paulo: Max Limonad, 1999, p. 99.

[258] "Tratando-se de normas jurídicas, a eficácia consiste na capacidade de atingir os objetivos nela traduzidos, que vêm a ser, em última análise, realizar os ditames jurídicos objetivados pelo legislador." SILVA, José Afonso da. *Aplicabilidade das Normas Constitucionais*. São Paulo: Malheiros, 1998, p. 66.

[259] "O alcance dos objetivos da norma constitui a efetividade. Esta é, portanto, a medida da extensão em que o objetivo é alcançado, relacionando-se ao produto final. Por isso é que, tratando-se de normas jurídicas, se fala em eficácia social em relação à efetividade, porque o produto final objetivado pela norma se consubstancia no controle social que ela pretende, enquanto a eficácia jurídica é apenas a possibilidade de que isso venha a acontecer." SILVA, José Afonso da. *Op.cit.*, p. 66.

[260] "Na primeira categoria incluem-se todas as normas que, desde a entrada em vigor da constituição, produzem todos os seus efeitos essenciais (ou têm a possibilidade de produzi-los), todos os objetivos visados pelo legislador constituinte, porque este criou, desde logo, uma normatividade para isso suficiente, incidindo direta e imediatamente sobre a matéria que lhes constitui objeto. O segundo grupo também se constitui de normas que incidem imediatamente e produzem (ou podem produzir) todos os efeitos queridos, mas prevêem meios ou conceitos que permitem manter sua eficácia contida em certos limites, dadas certas circunstâncias. Ao contrário, as normas do terceiro grupo são todas as que não produzem, com a simples entrada em vigor, todos os seus efeitos essenciais, porque o legislador constituinte, por qualquer motivo, não estabeleceu, sobre a matéria, uma normatividade para isso bastante, deixando essa tarefa ao legislador ordinário ou a outro órgão do Estado." SILVA, José Afonso da. *Op.cit.*, p. 82.

tintas, o que condiz com as afirmações do autor. A regra constitucional do direito ao meio ambiente é acompanhada pelos princípios da sadia qualidade de vida e da vida com dignidade, e pela aplicabilidade imediata – princípios que dão eficácia plena à norma de direito ambiental.

No entanto, frente a outros direitos e valores também fundamentais, a norma ambiental pode sofrer restrições, hipótese admitida apenas excepcionalmente. Por exemplo, no caso do desenvolvimento sustentável, o direito ao meio ambiente e o direito ao desenvolvimento devem estar em harmonia, pois neles se manifestam os valores sadia qualidade de vida e dignidade da pessoa humana.

Entre o conceito de norma de direito fundamental e direito fundamental existem estreitas conexões, conforme expõe Robert Alexy.[261] Por força da positivação do direito fundamental, há uma norma válida de direito, sempre que alguém possui um direito fundamental reconhecido pela legislação constitucional: no caso, o direito ao meio ambiente ecologicamente equilibrado. A norma, que significa o enunciado normativo do direito, é efetivamente o ato com que a legislação ordena, veda ou permite uma conduta ou uma atividade.

De acordo com Robert Alexy,[262] os princípios são ordens de otimização, que estão caracterizadas pelo fato de que podem ser cumpridas em diferentes graus, em sintonia com a própria evolução cultural e econômica da sociedade; na proporção em que os princípios são implementados, dependem não só das reais possibilidades econômicas, mas também da efetivação do direito. Diferentemente dos princípios, as regras são normas que podem ser cumpridas ou não, e que contêm determinações no âmbito fático e jurídico possíveis, sob pena de rupturas econômicas e sociais.

---

[261] "Entre el concepto de norma de derecho fundamental y el del derecho fundamental existen estrechas conexiones. Siempre que alguien posee un derecho fundamental, existe una norma válida de derecho fundamental que le otorga este derecho. Es dudoso que valga lo inverso. No vale cuando existen normas de derecho fundamental que no otorgan ningún derecho subjetivo." ALEXY, Robert. *Teoria de Los Derechos Fundamentales*. Madrid: Centro de Estudios Constitucionales, 1997, p. 47.

[262] "El punto decisivo para la distinción entre reglas y principios es que los principios son normas que ordenan que algo sea realizado en la mayor medida posible, dentro de las posibilidades jurídicas y reales existentes. Por lo tanto, los principios son mandatos de optimización, que están caracterizados por el hecho que pueden ser cumplidos en diferente grado y que la medida debida de su cumplimiento no sólo depende de las posibilidades reales sino también de las jurídicas." ALEXY, Robert. *Op.cit.*, p. 86.

A partir dos ensinamentos de Robert Alexy, pode-se compreender o art. 5°, § 1°, da Constituição do Brasil como mandado de otimização da eficácia e efetividade das normas ambientais. No mesmo sentido é a segura orientação de Ingo Wolfgang Sarlet.[263] Logo, cabe ao Poder Público dar maior eficácia à norma constitucional que outorga aos indivíduos o direito ao meio ambiente ecologicamente equilibrado e que reconhece seus princípios básicos, que são a sadia qualidade de vida e dignidade da pessoa humana.

5.2. Proibição de retrocesso

O princípio da proibição de retrocesso – princípio de conteúdo axiológico, cuja fundamentação está cimentada metapositivamente – é conseqüência da vinculação dos Poderes Públicos aos direitos fundamentais. Diante desta vedação, este princípio deve ser rigorosamente respeitado, mesmo que não seja absoluto, caso em que engessaria o direito, impedindo a sua evolução – segundo Ingo Wolfgang Sarlet,[264] uma proibição absoluta é excluída do plano para possibilitar as mudanças legislativas. No sistema do direito ambiental brasileiro, o princípio da proibição guarda coerência com um dos objetivos deste ramo do direito: melhorar a qualidade ambiental recuperando áreas degradadas e defender o meio ambiente ecologicamente equilibrado.

[263] "Levando-se em conta a distinção, somos levados a crer que a melhor exegese da norma contida o art. 5°, § 1°, de nossa Constituição é a que parte da premissa de que se trata de norma de cunho inequivocadamente principiológico, considerando-a, portanto, uma espécie de mandado de otimização (ou maximização), isto é, estabelecendo aos órgãos estatais a tarefa de reconhecerem a maior eficácia possível aos direitos fundamentais, entendimento este sustentado, entre outros, no direito comparado, por Gomes Canotilho e compartilhado, entre nós, por Flávia Piovesan. Percebe-se, desde logo, que o postulado da aplicabilidade imediata não poderá resolver-se, a exemplo do que ocorre com as regras jurídicas (e nisto reside uma de suas diferenças essenciais relativamente às normas-princípio), de acordo com a lógica do tudo ou nada, razão pela qual o seu alcance (isto é, o quantum em aplicabilidade e eficácia) dependerá do exame da hipotese em concreto, isto é, da norma de direito fundamental em apauta". SARLET, Ingo Wolfgang. *Op.cit.*, p. 249-250.

[264] "Neste particular, é preciso ressaltar que, de acordo com a doutrina majoritária, uma proibição absoluta de retrocesso social tem sido excluída de plano, mormente em face da dinâmica do processo social e da indispensável flexibilidade das normas vigentes, de modo especial, com vistas à manutenção da capacidade de reação às mudanças na esfera social e econômica." SARLET, Ingo Wolfgang. *O Estado Social de Direito, a proibição de retrocesso e a Garantia Fundamental da Propriedade*. Porto Alegre: Revista da Faculdade de Direito da UFRGS n° 17, 1999, p. 112-113.

É exatamente o objetivo que protege o núcleo do direito fundamental ao meio ambiente ecologicamente equilibrado, núcleo essencial e conteúdo mínimo do próprio direito. Por se tratar de uma garantia assegurada aos indivíduos – presentes e futuras gerações –, a proibição de retrocesso é da própria natureza dos direitos fundamentais. O mesmo posicionamento é sustentado por Gomes Canotilho,[265] relacionando esta proibição com a necessidade de se garantir a identidade da Constituição num texto rígido, que permita o desenvolvimento do direito constitucional, mas que impeça que os direitos fundamentais sejam suprimidos ou fiquem diminuídos. A proibição de retrocesso, apesar de não ter sido contemplada pelo legislador de 1988 com regra expressa neste sentido, está implícita no texto constitucional, conforme discorre Sandro Nahmias Melo.[266] Tal proibição atinge também o legislador e as pessoas de direito privado, embora a omissão esteja ausente na legislação constitucional, que não tem regra expressa neste sentido. Porém, a tese da proibição de retrocesso é justificada pela melhor doutrina. Para Ingo Wolfang Sarlet,[267] a proibição de retrocesso assume as feições de princípio constitucional implícito. Para Konrad

---

[265] "A opção por um 'texto rígido', no sentido assinalado, é hoje justificado pela necessidade de se garantir a identidade da constituição sem impedir o desenvolvimento constitucional. Rigidez é sinónimo de garantia contra mudanças constantes, frequentes e imprevistas ao sabor das maiorias legislativas transitórias." CANOTILHO, José Joaquim Gomes. *Direito Constitucional e Teoria da Constituição*. 4ª ed. Coimbra: Livraria Almedina, 2000, p. 215.

[266] "No Brasil, apesar de o princípio da proteção do núcleo essencial dos direitos fundamentais não ter sido contemplado pelo constituinte de 1988, de forma expressa, não se sustenta o argumento no sentido de que o mesmo não existe em nosso ordenamento jurídico. Ora, considerando a própria natureza protetora dos direitos fundamentais seria ilógico a intervenção do legislador ordinário no âmbito do direito fundamental para destruí-lo. Ressalte-se, todavia, que a previsão, na esfera constitucional, do princípio da garantia da proteção ao conteúdo essencial não deve ser encarada como um círculo extra ou supra-estatal, no qual o legislador esteja proibido e intervir.
O núcleo essencial constituiria o conteúdo mínimo de um direito insuscetível de ser violado, sob pena de aniquilar-se o próprio direito. O legislador, então, ao restringir direitos, estaria limitado pelo núcleo essencialdo direito a ser restringido. Destaque-se que o legislador de forma alguma pode ultrapassar o limite do conteúdo essencial, mesmo que justificado pela proteção de outro bem constitucional."
MELO, Sandro Nahmias. *Meio Ambiente do Trabalho: Direito e Dever Fundamental*. São Paulo: LTr, 2001, p. 83.

[267] "A proibição de retrocesso assume, portanto, feições de verdadeiro princípio constitucional implícito, que pode ser reconduzido tanto ao princípio do Estado de Direito (no âmbito da proteção da confiança e da estabilidade das relações jurídicas), quanto ao princípio do Estado Social, na condição de garantia da manutenção dos graus mínimos de segurança social alcançados". SARLET, Ingo Wolfgang. *A Eficácia dos Direitos Fundamentais*. 2ª ed. Porto Alegre: Livraria do Advogado, 2001, p. 375.

Hesse,[268] a proibição de retrocesso tem fundamento no postulado da soberania popular, pois os constituintes, ao reconhecerem os direitos fundamentais, o fizeram como mandatários do povo – no caso do povo brasileiro.

A bem dizer, a leitura feita por esses consagrados autores nos deixa claro que a proibição de retrocesso é efeito da vinculação. Conforme expõe Ingo Wolfgang Sarlet,[269] essa omissão não deve significar que o Poder Público e as pessoas físicas e jurídicas não estejam vinculados aos direitos fundamentais – por força de seus efeitos, a proibição impede retrocesso legislativo. Portanto, é garantia assegurada às presentes e futuras gerações, titulares do direito ao meio ambiente.

Exemplificando. No direito ao meio ambiente no Brasil – norma de eficácia plena na sua dimensão de ecologicamente equilibrado –, o legislador, além de ser obrigado a atuar no sentido de concretização deste direito fundamental, está proibido de editar normas que atentem contra o sentido e a norma de direito fundamental, o que também serve para orientar o intérprete sistemático do direito ao meio ambiente ecologicamente equilibrado e do direito ao desenvolvimento sustentável. Também no direito lusitano, tratando-se de direito fundamental, parte-se do pressuposto de que o art. 18/1 da Constituição da República Portuguesa assume a função de reforçar o caráter vinculante das normas de direito fundamental, as quais ressalvam o dever específico de o Poder Público respeitar e promover os direitos fundamentais.

Nos sistemas constitucional brasileiro e português, o princípio da proibição de retrocesso visa inviabilizar toda e qualquer medida regressiva em desfavor do meio ambiente ecologicamente equilibrado. Mais precisamente, este princípio impõe limites e autoriza a intervenção do Poder Público para impedir o retrocesso, quer por medidas de Polícia

---

[268] "Os princípios basilares da Lei Fundamental não podem ser alterados mediante revisão constitucional, conferindo preeminência ao princípio da Constituição jurídica sobre o postulado da soberania popular." HESSE, Konrad. *A Força Normativa da Constituição*. MENDES,. Gilmar Ferreira (trad.). Porto Alegre: Sergio Antonio Fabris Editor, 1991, p. 28.

[269] "Tal se justifica pelo fato de que, em nosso direito constitucional, o postulado de aplicabilidade imediata das normas de direitos fundamentais (art. 5º, § 1º, da CF) pode ser compreendido como um mandado de otimização de sua eficácia, pelo menos no sentido de impor aos poderes públicos a aplicação imediata dos direitos fundamentais, outorgando-lhes, nos termos desta aplicabilidade, a maior eficácia possível. Assim, por exemplo, mesmo em se tratando de norma de eficácia inequivocadamente limitada, o legislador, além de obrigado a atuar no sentido da concretização do direito fundamental, encontra-se proibido (e nesta medida também está vinculado) de editar normas que atentem contra o sentido e a finalidade da norma de direito fundamental)." SARLET, Ingo Wolfgang. *Op.cit.,* p. 326-327.

Administrativa quer por meio de decisões judiciais. Com assento constitucional, por força deste princípio, o direito fundamental ao meio ambiente ecologicamente equilibrado só é modificável *in melius* e não *in pejus*, uma vez que é expressão da sadia qualidade de vida e da dignidade da pessoa humana.

5.3. Limites e conflitos

O conceito de dignidade da pessoa humana, de acordo com as idéias de Ingo Wolfgang Sarlet,[270] possui, em sua evolução, um sentido cultural, produto do trabalho das gerações, isto é, da humanidade, e impõe a todos o dever de defendê-la a partir desta premissa – é dever do Poder Público defender o meio ambiente ecologicamente equilibrado como condição para uma vida com dignidade. No sistema jurídico-ambiental, é questionada qual a influência do reconhecimento do valor dignidade da pessoa humana – o autor[271] responde que ela é o limite aos demais princípios.

As restrições ou limites determinam a ponderação de valores. O valor qualidade ambiental é limitado pelo valor desenvolvimento; e, como produto, resulta o desenvolvimento sustentável num ambiente sadio. Além disso, implica em restrições ao direito de propriedade e ao uso dos recursos ambientais, que devem guardar harmonia com o equilíbrio ambiental. Na formatação do direito ambiental brasileiro, uma das normas mais importantes a ser considerada é o direito ao meio ambiente ecologicamente equilibrado na condição de direito fundamental, ao lado do direito fundamental ao desenvolvimento econômico.

---

[270] (...)"há quem aponte para o fato de que a dignidade da pessoa humana não deve ser considerada exclusivamente como algo inerente à natureza humannno sentido de uma qualidade inata pura e simplesmente), isto na medida em que a dignidade possui também um sentido cultural, sendo fruto do trabalho de diversas gerações e da humanidade em seu todo, razão pela qual as dimensões natural e cultural da dignidade da pessoa se completam e interagem mutuamente". SARLET, Ingo Wolfgang. *Dignidade da Pessoa Humana e Direitos Fundamentais na Constituição de 1988*. Porto Alegre: Livraria do Advogado, 2001, p. 45-46.

[271] "É justamente neste sentido que se assume particular relevância a constatação de que a dignidade da pessoa humana é simultaneamente limite e tarefa dos poderes estatais e, no nosso sentir, da comunidade em geral, de todos e de cada um, condição dúplice esta que também aponta para uma simultânea dimensão defensiva e prestacional da dignidade (...)". SARLET, Ingo Wolfgang. *Op.cit.*, p. 46.

Ambos os direitos são considerados de mesma hierarquia, assertiva que decorre da leitura conjunta dos textos dos artigos 170[272] e 225 da Constituição do Brasil. Como efeito destes princípios, o uso dos recursos ambientais deve estar adequado ao seu uso sustentável. Ao ser-lhes retirado o caráter absoluto, ficam traçados os limites do direito ao meio ambiente ecologicamente equilibrado e do desenvolvimento.

5.4. Meio ambiente como limite de outros direitos fundamentais

O princípio da dignidade da pessoa humana é comum ao direito ambiental e ao direito econômico – ambos apresentam o princípio da escassez. Esta assertiva redunda em usar racionalmente os bens ambientais – isto é, eles precisam ser usados sem riscos ao equilíbrio ambiental, o que certamente contribui para a definição de uso sustentável dos recursos como condição essencial ao cuidado com o planeta e ao desenvolvimento econômico: dois pilares para uma vida digna.

Porém, aparentemente sucede uma colisão de princípios que necessita ser resolvida. O direito ambiental e o direito econômico, que têm o mesmo objetivo, estão diretamente vinculados aos recursos ambientais – o que necessariamente impõe limites à liberdade econômica e ao valor constitucional da livre iniciativa, relativizando o direito de propriedade, princípio também assegurado constitucionalmente.

A tensão criada ante a colisão de princípios deve ser dirimida, e deverão ser levadas em conta as circunstâncias do caso concreto. Os princípios guardam intrínsecas relações de mesmo valor, mas no caso concreto podem receber valores diferentes, isto é, deverá receber maior peso aquele mais relevante para o contexto – sem a exclusão do princípio de menor peso. Neste sentido é a precisa afirmação de Rui Samuel Espíndola.[273] O que vale é determinar as condições nas quais

---

[272] "A ordem econômica, fundada na valorização do trabalho humano e na livre iniciativa, tem por fim assegurar a todos existência digna, conforme os ditames da justiça social, observados os seguintes princípios: (...)
III- função social da propriedade; (...)
VI- defesa do meio ambiente:"

[273] "As testilhas entre princípios não os excluem da ordem jurídica, apenas os afastam diante de situações que comportem diferentes soluções, segundo o peso e a importância dos princípios considerados à aplicação do direito. Este tipo de opção, pelo intérprete, não gera desobediência ao princípio afastado." ESPÍNDOLA, Rui Samuel. *Conceito de Princípios Constitucionais.* 2ª ed. São Paulo: Revista dos Tribunais, 2002, p. 74.

um princípio precede o outro. Para tanto, deverá ser estabelecida entre eles uma relação de precedência condicionada à defesa ambiental, ao desenvolvimento econômico e ao social – nas palavras do jurista Juarez Freitas, "interpretar é hierarquizar".[274]

A colisão dos princípios ambientais e econômicos deve ser tratada de maneira totalmente distinta da colisão de regras jurídicas. Regras e princípios são razões de tipo diferente. As regras são sempre razões definitivas, e os princípios podem ser fundamentos para decisões, para juízos concretos do dever-ser. Ou seja, os princípios nunca são razões definitivas e podem ser considerados relativamente gerais, podem referir-se tanto a direitos individuais quanto a coletivos ou difusos. Para Juarez Freitas,[275] os princípios fundamentais são critérios ou diretrizes basilares do sistema jurídico – neste texto, do sistema jurídico ambiental – que se traduzem como disposições de hierarquia superior do ponto de vista axiológico, erigidas em linhas mestras da interpretação para solucionar as antinomias jurídicas (no caso, direito ao meio ambiente ecologicamente equilibrado *versus* direito ao desenvolvimento).

Uma das propostas encontradas para resolver a colisão de interesses prevê a interpretação sistemática do direito. Não significa que seja declarado inválido o princípio desprezado, nem que possa ser garantido em cláusula de exceção. A questão é que, nos conflitos de regras, é levada em consideração a dimensão de validez; na colisão de princípios, só podem entrar em colisão princípios válidos – têm lugar, além de sua validez, a dimensão do peso. Portanto, os princípios possuem diferentes pesos, e restará sobreposto aquele com o maior peso ou de maior relevância para o caso concreto.

A partir de regras e de princípios, é construído o direito ao ambiente ecologicamente equilibrado – enquanto direito fundamental, positivado na legislação constitucional. Vale dizer que este reconhecimento é o arcabouço jurídico que objetiva regulamentar, proibir ou punir as atividades e condutas poluidoras ou potencialmente poluidoras do ambiente.

---

[274] FREITAS, Juarez. *Op.cit.*, p. 24.

[275] "Por princípios fundamentais entendem-se, por ora, os critérios ou as diretrizes basilares do sistema jurídico, que se traduzem como disposições hierarquicamente superiores, do ponto de vista axiológico, às normas estritas (regras) e aos próprios valores (mais genéricos e indeterminados), sendo linhas mestras de acordo com as quais guiar-se-á o intérprete quando se defrontar com as antinomias jurídicas." FREITAS, Juarez. *Op.cit.*, p. 56.

Indispensável para a vida humana, o meio ambiente ecologicamente equilibrado deve estar assegurado por um sistema legal que imponha padrões de qualidade e restrinja o uso de bens ambientais. Entre outras possibilidades, sua tutela é concretizada mediante a previsão de limitações de poderes e de faculdades aos titulares de direito do tipo privatístico e publicístico. Isso quer dizer que as atividades econômicas devem estar harmonizadas com a defesa ambiental, na medida em que concorrem para satisfazer os interesses coletivos ou difusos de uma série determinada ou indeterminada de pessoas.

Um exemplo. O caráter privado cede espaço ao social e vai alterar, por força das normas e princípios constitucionais, o próprio direito de propriedade, impondo-lhe limites. Para tal mister, conforme sintetiza José Luís Bolzan de Morais,[276] o Estado abandona sua posição neutra e passa a intervir nas atividades econômicas em benefício da sustentabilidade ambiental. Significa dizer que, observadas as competências legislativas, no sistema jurídico brasileiro é atribuída supremacia legal à norma constitucional em relação a todas as demais normas inferiores. Porém, ao mesmo tempo em que a supremacia do direito fundamental ao meio ambiente protege interesses da humanidade, autoriza a intervenção estatal e a socialização do direito ao meio ambiente.

Com tais paradigmas jurídicos, foram introduzidas novas concepções na cultura jurídica dos povos, na busca do meio ambiente ecologicamente equilibrado: os bens ambientais, na condição de bens de uso comum do povo, foram desvinculados do direito de propriedade e passaram a ser classificados como bens de interesse da humanidade. Ao ser limitado o direito de propriedade, a legislação integrou a este conceito as funções sociais e ambientais, essenciais ao equilíbrio do ecossistema; além disso, estabeleceu um direito de propriedade jungido ao bem comum e à função ambiental.

Desde a segunda metade do século XX, a dicotomia interesse público e interesse privado vêm cedendo espaço para o reconhecimento

---

[276] "A necessidade de reorientação da ação estatal se baseou, porém e contraditoriamente, numa maior expansão do Estado ao nível de seu poder de regulação, controle e planejamento, isto é, no entendimento de que o Estado não podia limitar-se a sua pretensa neutralidade no jogo liberal, permitindo que os indivíduos se autodeterminassem nas relações econômicas e sociais, já que, no seu cotidiano se verificaram constantes tendências à prática de abusos que, em se agravando, poderiam causar a ruptura de estruturas próprias do modelo capitalista de Estado.
Necessária, portanto, a ação regulatória do Estado que, ao senso comum, abandona sua posição de neutralidade para assumir uma atitude intervencionista." MORAIS, José Luis Bolzan de. *Op.cit.,* p. 99.

da autonomia jurídico-formal dos interesses públicos. O constituinte brasileiro de 1988 deu ênfase aos princípios constitucionais que compõem a legislação ambiental, e que orientam a interpretação sistemática para solucionar os conflitos entre o direito ao meio ambiente ecologicamente equilibrado e o direito ao desenvolvimento – direitos fundamentais que visam a dignidade da pessoa humana.

Além de ser preferencial por atender, em tese, ao interesse da maioria ou aos mais relevantes, o princípio do interesse público, como pode ser inferido da leitura de Juarez Freitas,[277] será iluminado especialmente pelo princípio da dignidade da pessoa humana, que compõe o rol de elementos essenciais à realização do homem como pessoa. A função deste princípio é a de orientar as funções do Poder Público na defesa do meio ambiente ecologicamente equilibrado. Em última análise, a interpretação sistemática é um dos mecanismos para solucionar conflitos.

Ainda pode ser interessante observar que existe uma questão crucial a ser enfrentada: o princípio do direito ao desenvolvimento entra em conflito com o direito fundamental ao meio ambiente ecologicamente equilibrado, pois ambos são da mesma hierarquia e almejam a vida com dignidade. A interpretação sistemática do direito – adotada preferencialmente como método para a análise dos fenômenos da ciência jurídica e do desenvolvimento econômico – poderá ser um dos métodos usados para solucioná-la. É prática reconhecida pela jurisprudência, conforme decisão judicial em ação civil pública ambiental citada por André Franco Montoro.[278]

---

[277] "Com efeito, o princípio do interesse público, sem fugir à regra, matizar-se-á pelos outros princípios fundamentais, com especial acento pelo princípio da dignidade da pessoa humana (CF, arts. 5º, III, 17, 226, § 7º e 227), princípio este que não deve ser olvidado por quem postule um olhar publicista sério e equilibrado." FREITAS, Juarez. *O Controle dos Atos Administrativos e os princípios fundamentais.* 2ª ed. São Paulo: Malheiros, 1999, p. 50.

[278] "Jurisprudência – Decisão judicial em defesa do meio ambiente – Estação ecológica da Juréia. Juízo de Direito da Primeira Vara do Foro Distrital de Peruíbe – Comarca de Itanhaém. (...) A controvérsia formada nos autos está limitada ao fato de se saber até que ponto a construção da casa de alvenaria, não negada pelo réu, em área protegida, por legislação estadual e federal, no que se refere aos ecossistemas ali existentes, foi edificada de modo ilegal, causando danos ao meio ambiente e ao patrimônio estético, histórico e paisagístico. (...) Da leitura e interpretação sistemática das leis estadual e federais, bem como da resolução de tombamento expedida pelo Secretário Estadual de Cultura chega-se não a uma petição de princípios como quer dar a entender o réu, mas a um conjunto de normas regulamentadoras e cogentes do princípio constitucional previsto, agora, no artigo 225 e seu parágrafo quarto, por força do qual a Serra do Mar foi considerada patrimônio nacional, a partir da vigência da Constituição Federal (5.10.88). Estas normas regulamentadoras, por si sós, representam a limitação ao direito de propriedade do

Com a interpretação sistemática – um dos meios para solucionar conflitos e para fixar limites ao direito ao meio ambiente e ao direito, também fundamental, ao desenvolvimento –, poderá ser evitado o retrocesso das normas e princípios de direito fundamental. Nesta dissertação, a interpretação leva em conta a análise dos termos legais, os conceitos jurídicos e a análise dos fenômenos ambientais e econômicos, conforme orientação de Kelly Susane Alflen da Silva[279] e Plauto Faraco de Azevedo.[280]

A opção do intérprete deverá estar em conformidade com o resultado pretendido; e o juiz vai ao fato para conhecer seu sentido e visualizar o comportamento em exame, confrontando-o com a norma individual, com o ordenamento jurídico e com as possíveis conseqüências, observando sempre o dever perante a coletividade para manter a vida com qualidade, conforme o texto de Fernanda Luiz Fontoura de Medeiros.[281]

---

titular do domínio ou posse de áreas inseridas naquelas consideradas de proteção ambiental. É o caso do réu que deveria, no caso, usar de sua propriedade, mantendo apenas o barraco já construído, nos termos da norma federal supracitada e resolução estadual igualmente transcrita, sem realizar qualquer outro tipo de construção para qualquer finalidade, uma vez que, é forçoso reconhecer, o terreno de propriedade do réu está situado, pelo menos em parte, em faixa de terreno de marinha, além de inserido em área de proteção ambiental permanente, sem contar que a nova construção sequer observou as posturas municipais.

Assim, vedado qualquer tipo de construção – e é isto que se conclui da interpretação sistemática das normas em questão –, verifica-se que, procedendo, o réu, a uma construção de casa de alvenaria, cometeu ato ilegal, pois contrariou as aludidas normas de proteção ambiental (já que existem, são válidas e possuem eficácia) e, muito embora não tenha agredido a cobertura vegetal remanescente, a sua simples existência representa agressão ao patrimônio nacional, à estação ecológica criada e à área de proteção ambiental assim consideradas pelas normas jurídicas, em sentido lato, acima mencionado. Mesmo assim não se considerando, a construção de alvenaria abre um precedente caracterizador de ameaça ao meio ambiente, pois todos os eventuais proprietários poderiam se sentir prejudicados e, cada qual, erigir sobre terreno inserido em área de proteção ambiental, outras casas de alvenaria, de modo a contrariar todas as finalidades legais, desde a norma constitucional, que garante a defesa e o direito a um meio ambiente sadio, até a resolução estadual, que tombou a Serra do Mar como patrimônio cultural. Nesse sentido, a ameaça de dano potencialmente considerada." MONTORO, André Franco. *Introdução à Ciência do Direito.* 24ª ed. São Paulo: Revista dos Tribunais, 1997, p. 238/240.

[279] "O problema do conhecimento – como o problema do interpretar –, todavia, não é limitado a uma análise de termos e conceitos, porém, trata-se de uma análise dos fenômenos." SILVA, Kelly Susane Alflen da. *Hermenêutica Jurídica e Concretização Judicial.* Porto Alegre: Sérgio Antônio Fabris Editor, 2000, p. 122.

[280] AZEVEDO, Plauto Faraco de. *Op.cit.*, p. 141.

[281] "É imperioso ressaltar, ainda, que o direito à proteção ambiental caracteriza-se por ser um direito e um dever fundamental do homem. Através desta fundamentalidade somos, ao mesmo tempo, detentores de direito e obrigados a um dever. Observamos que muito além das determinações jurídicas, ou até, de todas as teorias jurídico-constitucionais, nosso papel como ser humano somente será digno de nossa existência se honrarmos o ambiente em que vivemos. Mais

As normas e princípios constitucionais têm força normativa e devem, por isso, ser considerados pelo intérprete ao proceder à interpretação sistemática do direito. Sustenta Plauto Faraco de Azevedo[282] que a interpretação – dado o caráter fragmentário do direito ambiental – precisa ser visualizada no sistema; e que o intérprete sistemático deve examinar os fatos – por exemplo, ambientais e econômicos –, efetuar um diagnóstico seguro e, no sistema, procurar a melhor solução ou aquela que produza o menor prejuízo ao bem jurídico tutelado. Além disso, o intérprete sistemático deverá avaliar as conseqüências positivas e negativas. Nesse sentido, é a lição de Juarez Freitas.[283]

A Constituição – complexo de normas fundamentais com força jurídica superior às demais, conforme lição de José Diniz de Moraes[284] – é a matriz, o norte necessário para que seja feita a interpretação sistemática do direito. Na qualidade de garantidores da própria sobrevivência do homem, os direitos fundamentais têm assento constitucional e são os sustentáculos do compromisso do Estado para com a pessoa humana em seu direito à vida com dignidade. Com a evolução, o direito ambiental desenvolveu-se e adquiriu perfeição, que passa pela construção do moderno direito constitucional e que completa a fase de aperfeiçoamento em 1988.

---

do que titulares de um direito fundamental, estamos eticamente obrigados a um dever fundamental de manter este planeta saudável e ecologicamente equilibrado, tentando colocar em prática esta complexa teia teórica que define o direito-dever fundamental de preservar o ambiente da vida." MEDEIROS, Fernanda Luiza Fontoura de. *Op.cit.,* p. 35.

[282] "Embora o raciocínio deva abranger simultaneamente todos os métodos (gramatical, lógico, histórico, sistemático), ao buscar o adequado entendimento da norma ambiental, deve o magistrado enfatizar a percepção da ordem jurídica global, vale dizer, visualizando-a sistematicamente. Assim fazendo, obviará as dificuldades decorrentes do caráter fragmentário do Direito Ambiental, devendo ter em vista a efetivação dos princípios constitucionais, deles servindo-se tanto para a compreensão das normas particulares quanto para o suprimento das lacunas e solução das antinomias legais." AZEVEDO, Plauto Faraco de. *Op.cit.,* p. 141.

[283] "Deve o intérprete sistemático realizar o exame da íntegra dos fatos coletados e efetuar, a partir daí, um diagnóstico seguro, para, a seguir, no bojo do sistema, encontrar o melhor e mais conciliatório tratamento para as controvérsias, no sentido de superá-las e, ao mesmo tempo, de conservar sua sistematicidade". FREITAS, Juarez. *A Interpretação Sistemática do Direito.* 3ª ed. São Paulo: Malheiros, 2002, p. 180.

[284] "A constituição, como complexo de normas fundamentais com força jurídica superior às demais normas do sistema jurídico que fundamenta, reflete, pari passu, um conjunto de valores preponderantes em determinado momento, alguns decorrentes da própria realidade social, outros das concepções de uma ordem social desejada ou já conquistada por outros povos. Isto porque não dispõe a constituição, ainda que seja a lei maior de uma nação, como qualquer outra norma, de uma força para produzir valores novos – força, esta, que reside apenas na natureza das coisas". MORAES, José Diniz de. *Op.cit.,* p. 28.

O Direito ao Meio Ambiente
ECOLOGICAMENTE EQUILIBRADO COMO DIREITO FUNDAMENTAL

Para efetivamente implementar os princípios e as normas ambientais, o princípio da unidade da Constituição como sistema deve ser entendido em sua totalidade. É fundamental que a correta interpretação sistemática leve em consideração o direito ao meio ambiente ecologicamente equilibrado e o direito ao desenvolvimento, para com isso propiciar a sadia qualidade de vida ou a vida num ambiente saudável.

Tal meta só poderá ser alcançada através da correta atribuição de valores aos princípios que asseguram, em relação à sua função, uma unidade material de sentido ao ordenamento jurídico. Já para a eficácia da interpretação, o intérprete deve preservar também a unidade do sistema, conforme sustenta Juarez Freitas.[285] Em outras palavras, a Constituição é, em sua essência, uma unidade normativa, moldada numa ordem hierárquica de valores – aliás, a especialidade da norma constitucional reside no fato de ser uma norma portadora de valores materiais.

Não é difícil perceber que a interpretação e a concretização do direito ao meio ambiente ecologicamente equilibrado esteiam-se nas garantias do direito ao meio ambiente e ao desenvolvimento. O conteúdo das normas constitucionais tem caráter de compromisso – deverá vincular o intérprete, em especial o julgador, pois nosso sistema jurídico é um sistema flexível, a jurisprudência é fonte do direito, e a hermenêutica faz a adequação da norma geral ao caso concreto, conforme defendem Jorge Miranda e Jorge Pereira da Silva.[286]

Ao tratar do mesmo tema, Paulo Affonso Leme Machado destaca três aspectos essenciais do direito ao meio ambiente: o desenvolvimento da pessoa humana, o direito à sanidade e o direito de viver em ambiente ecologicamente equilibrado.[287] Na verdade, tais princípios que balizam a interpretação sistemática, são também essenciais para que o princípio da dignidade humana seja assegurado. Conforme

---

[285] "O intérprete sistemático precisa, pois, ao concretizar o Direito, preservar a sua unidade substancial e formal, sobrepassando contradições nefastas, sem descurar daquele potencial de transformação que se nutre da fecundidade das boas antinomias (...)." FREITAS, Juarez. *Op.cit.*, p. 69.

[286] "Assim, o tratamento dos direitos fundamentais assenta na afirmação simultânea dos direitos, liberdades e garantias e dos direitos econômicos, sociais e culturais, numa dicotomia com proeminência dos primeiros (como é próprio do Estado social de Direito)." MIRANDA, Jorge; SILVA, Jorge Pereira da. *Op.cit.*, p. 11.

[287] MACHADO, Paulo Affonso Leme. *Estudos de Direito Ambiental*. São Paulo: Malheiros, 1994, p. 15.

Robert Alexy,[288] não é um princípio absoluto, mas precede a todos os demais.

Igualmente, a partir da idéia do ambiente ecologicamente equilibrado, ao direito civil-constitucional, expressão da publicização, deverão ser impostos novos parâmetros orientadores de políticas públicas (tais como a prevalência do interesse público e função socioambiental da propriedade), para a orientação obrigatória do administrador ambiental. A ele cabe cuidar nas autorizações ou nas licenças ambientais, do uso sustentável dos recursos ambientais, todos com funções social e ambiental a cumprirem. A prevalência do interesse ambiental sobre o interesse privado, uma característica de supradireito, caracteriza a legislação ambiental. Assim, sustenta André Tostes.[289]

Se a interpretação não atender nem ao direito ambiental nem ao direito econômico, corre-se o risco de ver invalidadas todas as garantias fundamentais. Para assegurar esta condição, antes de tudo, é preciso que o intérprete, elemento essencial à implementação da legislação, faça uma leitura conjunta dos dispositivos constitucionais, o que não permitirá uma interpretação que possa vir a privilegiar um direito em detrimento de outro. O intérprete deve harmonizar e compatibilizar o direito ao meio ambiente com o direito ao desenvolvimento econômico, entre outros, para proteger e preservar o ecossistema, priorizando os recursos não-renováveis, conforme afirma Celso Ribeiro Bastos.[290]

Para Juarez Freitas,[291] o intérprete sistemático é o grande artífice das mutações do ordenamento legal e de sua adequação no tempo

---

[288] "La imprésion de absolutidad resulta del hecho de que existen dos normas de dignidad de la persona, es decir, una regla de la dignidad de la persona y un principio de la dignidad de la persona, como así también del hecho de que existe una serie de condiciones bajo las cuales el princípio de la dignidad de la persona, con un alto grado de certeza, precede a todos los demás principios." ALEXY, Robert. *Op.cit.*, p. 109.

[289] "Além dos princípios, uma característica da idéia de supra-direito distingue a lei ambiental. Na atualidade, diante do quadro de escassez já referido, tornaram-se indispensáveis medidas de defesa dos bens ambientais e de controle das atividades que os ameaçam." TOSTES, André. *Op.cit.*, p. 57.

[290] BASTOS, Celso Ribeiro. *Hermenêutica e Interpretação Constitucional*. São Paulo: Instituto Brasileiro de Direito Constitucional, 1997, p. 106.

[291] "Deve o intérprete sistemático, à base do sistema objetivo, ser o grande artífice das mutações do ordenamento, lutando para bem relacionar vontades e corrigir defasagens, no tempo ou no espaço, dos dispositivos que se mostrarem distantes e excludentes, tudo fazendo para que o espírito atual prevaleça, apesar da letra. Se vitoriosa esta ótica, o Estatuto Maior, coração jurídico-institucional, não resultará submetido a processos invasivos de reformas confusas, não raro, causadoras de retrocessos no tocante a direitos fundamentais (retrocessos vedados, desde sempre, em qualquer interpretação racional, no sentido apropriado do termo)." FREITAS, Juarez. *Op.cit.*, p. 180.

e no espaço. Interpretar é, pois, hierarquizar princípios, mas com observância, entre outros, do princípio da proporcionalidade para buscar o menor prejuízo aos interesses jurídicos tutelados: meio ambiente e economia. O princípio da hierarquização – fundamental para a interpretação sistemática do direito – orienta a aplicabilidade do direito ambiental, no caso o direito fundamental ao meio ambiente ecologicamente equilibrado, de acordo com a leitura de Juarez Freitas.[292]

Para atingir ao bem-estar social, expressão do desenvolvimento econômico sustentável, é necessária a harmonização do direito ao desenvolvimento econômico com o direito ao meio ambiente ecologicamente equilibrado. Proteger e preservar o meio ambiente deve ser tão importante quanto implementar o desenvolvimento econômico – ambos com fulcro no princípio da dignidade da pessoa humana, que serve de referencial para outros direitos, entre eles o do meio ambiente ecologicamente equilibrado. Isso é especialmente necessário em casos em que o conflito entre meio ambiente e desenvolvimento econômico estabelece tensões que devem ser dirimidas pelo intérprete.

Por sua vez, resolvidas as tensões, a aplicabilidade das normas poderá trazer prejuízos ao ecossistema. Deve ser tratado com maior rigor possível casos como o licenciamento e a instalação de uma atividade poluidora ou potencialmente degradadora em região já saturada pelo estabelecimento de muitas indústrias que utilizam recursos naturais ou nas proximidades de áreas de preservação permanente – por exemplo, a instalação de curtumes ou empresas em margens de rios com a liberação de efluentes líquidos e gasosos altamente tóxicos. Não se deve esquecer que, embora esteja em conflito permanente com a natureza, o homem dela depende e deve buscar com ela estar harmonizado, conforme alerta Leonardo Boff.[293]

---

[292] "O intérprete sistemático – embora não crie o Direito (no sentido da produção legislativa) –, justamente ao não se render ao pretenso absolutismo das prescrições normativas. Ao fazê-lo, traça limites à própria missão do legislador, o qual não pode, em respeito ao poder constituinte, engendrar antinomias que imponham riscos à sobrevivência dos elementos fundantes do Direito Positivo." FREITAS, Juarez. *Op.cit.,* p. 76.

[293] "O ser humano e a sociedade sempre estabelecem uma relação com o meio ambiente. O ser humano provém de um longo processo biológico. Sem os elementos da natureza, da qual ele é parte, sem os vírus, as bactérias, os microorganismos, o código genético, os elementos químicos primordiais ele não existiria. As sociedades sempre organizam suas relações para com o meio ambiente no sentido de garantir a produção e a reprodução da vida. Definem a relação entre

Mas há ainda outro aspecto a considerar acerca do conflito ecologia-economia. A própria Constituição do Brasil de 1988 assegura bens e valores que entram em conflito. O direito de propriedade privada está em conflito com o direito ao meio ambiente ecologicamente equilibrado como direito fundamental. Como a legislação assegura o direito de propriedade, são estabelecidas a antinomia e a tensão entre esses princípios. No caso do desenvolvimento econômico, também é necessário ter em mente o bem-estar social, qualidade de vida e meio ambiente. Salvaguarda do meio ambiente, a sadia qualidade de vida deverá balizar toda e qualquer atividade econômica e será considerada como objetivo primordial que regerá os demais, conforme dispõe o art. 193 da Constituição Federal.[294]

Assim, é possível afirmar que ao direito ao meio ambiente ecologicamente equilibrado é subordinado o direito de propriedade. Igualmente, o direito ao meio ambiente deve orientar também o desenvolvimento da atividade econômica através do uso racional dos recursos naturais, insumos necessários à atividade econômica. Ou seja, a Constituição, ao mesmo tempo em que assegura direitos de igual hierarquia, faculta que um deles preceda aos demais.

Para solucionar os litígios entre o privado e o público, é estabelecido um novo paradigma. A consagração do ambiente como direito fundamental garantiu o patrimônio ambiental, *bem de uso comum do povo,* para as *presentes e futuras gerações.* A evolução do direito ambiental com assento em princípios constitucionais induz a uma nova abordagem e implica compromisso das gerações presentes para com as gerações futuras, que alude ao compromisso entre o mundo e o homem. Destarte, o direito ao meio ambiente ecologicamente equilibrado funciona como limite para outros direitos fundamentais – dentre estes, o direito ao desenvolvimento econômico.

---

campo e cidade, decidem como se faz uma urbanização que inclua a qualidade de vida, como se monta ecologicamente um hospital, uma escola, uma fábrica, como se ordena o tráfico, se evita a violência social, se estabelece a relação entre o público e o privado, entre o trabalho e o lazer, entre a produção material e cultural, estabelece certo tipo de comunicação social, que forma de ciência e técnica podem garantir a qualidade de vida humana e natural, ciência doméstica, a ciência do habitat humano." BOFF, Leonardo. *Ecologia. Grito da terra, grito dos pobres.* São Paulo: Ática, 1995, p. 21-22.

[294] "A ordem social tem como base o primado do trabalho, e como objetivo o bem-estar e a justiça sociais."

O Direito ao Meio Ambiente
ECOLOGICAMENTE EQUILIBRADO COMO DIREITO FUNDAMENTAL

5.5. Direito ambiental: instrumento de intervenção na ordem econômica

O homem, sem consciência do coletivo, apropria-se ao longo dos séculos de bens ambientais. Como limite à sua ação, nos últimos tempos surgiu a materialização do direito ao ambiente,[295] cuja função é, entre outras, a de vedar atividade econômica que ponha em risco o equilíbrio do ecossistema. Além de ser um instrumento para a intervenção do Poder Público na economia em áreas de outrem, é um mecanismo para solucionar conflitos e para disciplinar interesses sociais em confronto com os individuais.

Para Eros Roberto Grau,[296] a intervenção expressa a atuação do Poder Público também na atividade econômica privada, e pode ocorrer através da concessão de incentivos fiscais, de financiamentos para pesquisa e da implantação de novas tecnologias – a exemplo do disposto na Lei Estadual nº 11.520, de 3 de agosto de 2000, que institui o Código Estadual de Meio Ambiente do Rio Grande do Sul em seu art. 22 e *incisos*.

Se não houver intervenção do Poder Público, provavelmente continuará sem solução a prática de atividades nocivas ao meio ambiente: o rompimento do equilíbrio ambiental provoca calamidades que assolam e ameaçam a humanidade, tais como a degradação da camada de ozônio, desmatamentos, queimadas, derramamentos de óleo, etc. Conforme Silvia Cappelli,[297] o efeito estufa, entre outros males, mobiliza

---

[295] PERRONE-MOISÉS, Claudia. *Direito ao Desenvolvimento e Investimentos Estrangeiros*. São Paulo: Oliveira Mendes, 1998, p. 56.

[296] "Daí se verifica que o Estado não pratica intervenção quando presta serviço público ou regula a prestação de serviço público. Atua, no caso, em área de sua própria titularidade, na esfera pública. Por isso mesmo dir-se-á que o vocábulo intervenção e, no contexto, mais correto que a expressão atuação estatal: intervenção expressa a atuação estatal em área de titularidade do setor privado; atuação estatal, simplesmente, expressa significado mais amplo." GRAU, Eros Roberto *A Ordem Econômica na Constituição de 1988 (Interpretação e Crítica)*. 3ª ed. São Paulo: Malheiros, 1997, p. 122-123.

[297] "Trata-se de uma teoria segundo a qual o excesso de dióxido de carbono e gases de origem industrial na atmosfera deverão propiciar um esquentamento da temperatura da Terra. O excesso de CO2 impediria que o calor solar, chegando a Terra, fosse refletido de volta para o espaço. Em decorrência, a temperatura global, dentro de 50 anos, seria elevada em torno de 2 a 5 graus centígrados, o que poderia derreter as geleiras nos pólos, elevando o nível dos oceanos o suficiente para que o mar cobrisse cidades litorâneas." (Carlos Cardoso Aveline em artigo intitulado Catástrofes nos Céus do Mundo, Revista Planeta, ed. Três, nº 225, junho 91, p. 19). CAPPELLI, Silvia. *Estudo de Impacto Ambiental na Realidade Brasileira*. Revista do Ministério Público, Rio Grande do Sul, nº 27. Porto Alegre: 1992, p. 45.

ecologistas e populações, todos preocupados com o futuro da humanidade.

A autora cita em nota o artigo escrito por Carlos Cardoso Aveline, que descreve com perfeição o efeito estufa: processo através do qual são emitidas grandes quantidades de dióxido de carbono e de gases gerados pelas indústrias, o que aumenta a temperatura da Terra em torno de 2 a 5 graus centígrados num prazo de 50 anos. Entre outras conseqüências, certamente poderá derreter as geleiras nos pólos, elevar o nível dos oceanos e cobrir cidades litorâneas.

Com a finalidade de evitar os impactos negativos e produzir impactos positivos e poupança de recursos ambientais para as gerações do futuro, o Poder Público regulamenta e limita o direito, através de normas que normatizam o uso dos recursos ambientais, ou que disciplinam o desenvolvimento de atividades poluidoras ou potencialmente poluidoras. O objetivo não é o de impedir as atividades econômicas nem o de utilizar os recursos naturais (especialmente os não-renováveis), mas sim o de possibilitar que o seu emprego seja sustentável e racional, e que não haja desperdícios.

É desejável, portanto, ter o máximo de proveito econômico com o mínimo ou apenas necessário gasto de energia; ou utilizar recursos renováveis, com a liberação mínima de resíduos; ou simplesmente reutilizá-los. O homem necessita dos recursos ambientais para o desenvolvimento de atividades econômicas e até mesmo para a sua sobrevivência na Terra.

A julgar pelo que foi dito, as conseqüências negativas produzem danos incalculáveis e irreversíveis: recursos naturais não-renováveis foram extintos ou estão nas listas de provável extinção – inclusive com reflexos negativos para a economia que deles depende para o seu desenvolvimento. Essas mazelas ambientais-econômicas criaram na consciência dos legisladores a necessidade de impor limites e de criar a obrigação de poupar os recursos para as gerações futuras – neste mesmo sentido, disserta Maria Alexandra de Sousa Aragão.[298] Na de-

---

[298] "A verdadeira percepção das características, perfeitamente terrenas, dos bens ambientais verificou-se apenas a partir de meados do século XX.
Foi precisamente nesta altura, quando a sobre-exploração dos recursos ambientais se começou a fazer sentir como uma ameaça séria para a Economia, para o Homem e para a própria Natureza, que se tornou evidente a necessidade de adoptar medidas públicas dirigidas ao controlo da degradação do ambiente e, particularmente, ao controlo da poluição." ARAGÃO, Maria Alexandra de Sousa. *Op.cit.*, p. 20.

fesa do meio ambiente, o direito ambiental busca o uso racional dos bens ambientais e a recuperação da qualidade ambiental, com a geração de impactos positivos sobre a natureza.

Por força de norma constitucional, o Estado brasileiro passa a estar imbuído do exercício do poder-dever de agir para a defesa dos bens ambientais. Como produto deste dever, o Estado tornou-se intervencionista e, como tal, impõe limites legais às atividades econômicas, especialmente àquelas que utilizam recursos ambientais ou liberam efluentes líquidos ou gasosos. Conforme Uadi Lammêgo Bulos,[299] o legislador constituinte brasileiro de 1988 consagrou, no art. 225 da Constituição, o meio ambiente como interesse difuso e assegurou o direito exigível de impor ao Poder Público o dever jurídico de prestá-lo.

Segundo as considerações de José Luís Bolzan de Moraes,[300] o Estado tem o dever de manter o meio ambiente ecologicamente equilibrado através da implementação da legislação ambiental. José Geraldo Brito Filomeno[301] também não admite o Estado que não tenha por finalidade o bem-estar social. Isso quer dizer que da mesma forma que o Estado combate a violência – isto é, sem eliminá-la, mas mantendo-a em níveis suportáveis –, deverá manter a degradação ambiental em níveis toleráveis – sem romper o equilíbrio, pois eliminar totalmente a poluição é utópico.

Uma das formas para intervir na atividade econômica é fiscalizar as atividades poluidoras ou potencialmente poluidoras através do Poder de Polícia ambiental – instrumento pelo qual o Poder Público intervém na propriedade, independentemente de ser pública ou privada. Álvaro Lazzarini,[302] com suporte na doutrina brasileira, sustenta

---

[299] "O constituinte consagrou no art. 225 um direito difuso, pois a garantia do 'meio ambiente ecologicamente equilibrado' não instrumentaliza um direito subjetivo típico, divisível, particularizável que alguém possa usufruir individualmente. Ao invés, assegurou um direito exigível a quem incumbe o dever jurídico de prestá-lo: O Poder Público." BULOS, Uadi Lammêgo. *Op.cit.*, p. 1262.

[300] "É também um certo direito social que, no limiar do século XX, delineará a conjugação de uma nova idéia de Estado – em muito próxima do perfil liberal – o qual passará a ter funções positivas, deixando de lado o seu feitio minimalista atrelado às seguranças interna e externa. O papel do Estado passa, então, a regulador e promotor do bem-estar social". MORAIS, José Luis Bolzan de. *A Idéia de Direito Social.* Porto Alegre: Livraria do Advogado, 1997, p. 33.

[301] FILOMENO, José Geraldo Brito. *Op.cit.,* p. 82.

[302] "O Poder de Polícia, como poder instrumental da Administração Pública, conceitualmente, é o conjunto de atribuições conferidas à Administração Pública, como poder público e indelegáveis aos particulares, embora a ela possam estar ligados, tendentes ao controle dos direitos e

que o Poder de Polícia, em sua denominação Polícia Ambiental, legitima a intervenção do Poder Público na defesa do meio ambiente e na repressão aos infratores ambientais.

No estágio atual da civilização, a intervenção estatal é a única saída para a crise ambiental, face à insuficiente conscientização da humanidade para a defesa do interesse comum e às funções sociais e ambientais da propriedade, que merecem respeito. Neste sentido, ensinam com muita clareza Célio Silva Costa[303] e François Ost:[304] o período da edição destas normas instituiu novos paradigmas – entre outros, o respeito pelo meio ambiente natural.

Realmente, na qualidade de interesse difuso, o direito ambiental autoriza a intervenção do Poder Público na ordem econômica para assegurar o direito fundamental ao ambiente ecologicamente equilibrado, produto da evolução do direito ao longo dos séculos. Os princípios que disciplinam a matéria levaram a estabelecer a supremacia do interesse público sobre o privado, por natureza egoístico ou individualista. Portanto, com a implementação da legislação ambiental, o Estado pas-

---

liberdades das pessoas, naturais ou jurídicas, incidentes não só sobre tais pessoas, mas também em seus bens e atividades, tudo inspirado nos ideais do bem-comum.
O Poder de Polícia, em verdade, é a própria razão de ser da denominada Polícia Ambiental. É ele quem legitima a sua ação nas atividades da prevenção e repressão às infrações ambientais, ou seja, nas atividades de Polícia administrativa (preventiva) e nas atividades de polícia judiciária repressiva das infrações penais ambientais. Das Infrações e das Penalidades Administrativas na Codificação da Legislação Ambiental." LAZZARINI, Álvaro. *Das Infrações e das Penalidades Administrativas na Codificação da Legislação Ambiental.* Revista do Ministério Público, Estado do Rio Grande do Sul, nº 33. Porto Alegre: 1994, p. 118.

[303] "A propriedade individual há de ser compatibilizada, principalmente no que aqui faz a preocupação principal – a propriedade imobiliária – com as conveniências da sociedade. A sociedade primeiro: o homem depois. Ninguém tem ou o homem não tem direito ou pretensão contra a sociedade. Se assim não fora, se o homem tivesse direitos contra a sociedade, importaria reconhecer o absurdo de que o homem poderia destruir a sociedade. Poderia destruir a todos nós! E, incluso, estaria a autodestruição, porque, perdida a sociedade, perdido estaria o homem social. Com a perda de seu 'habitat', seria impossível que o homem conseguisse sobreviver, numa regressão ao tempo das cavernas, cousas e louças."
O Estado foi feito justamente para defender a sociedade, promovendo a sua evolução com segurança. Reconhece ao homem direitos fundamentais dentro dessa sociedade, a mais aberta possível, mas não lhe reconhece o direito de prejudicar a sociedade, direta ou indiretamente, apenas por desfrutes pessoais, de fundo egoístico." COSTA, Célio Silva. *A Interpretação Constitucional e os Direitos e Garantias Fundamentais na Constituição de 1988.* Rio de Janeiro: Liber Juris, 1992, p. 211.

[304] "Dois séculos de apropriação e de transformação da natureza conduziram aos resultados que se conhecem. Daqui a diante, o estado de deterioração do planeta é tal que a ecologia se torna, antes de mais, em problemas da sociedade, em jogada política depois, e finalmente em terreno regulamentar. O Estado, tornado intervencionista, não pode ignorar os desequilíbrios ecológicos que se ameaçam." OST, François. *Op.cit.*, p. 103.

sou também a intervir na atividade econômica – aplica sanções civis, penais e administrativas – de duas formas: ou diretamente, fazendo o Poder Público a gestão dos bens ambientais; ou indiretamente, com a edição de legislação e sua respectiva implementação. Nesse sentido, disserta Maria Alexandra de Sousa Aragão.[305]

Todavia, como já foi discutido, o meio ambiente ecologicamente equilibrado não pode ser medido como um bem de valor econômico conhecido, pois os bens ambientais – por exemplo, o ar que respiramos – em sua maioria estão fora do comércio, não têm valor de mercado. Além da questão custo ambiental, a degradação é um caminho sem retorno e, portanto, é irreversível. Basta ver que um dos maiores problemas que virão com a implementação do direito ambiental é o da avaliação dos bens ambientais. A avaliação destes danos ambientais foi bem elaborada por Artur Renato Albeche Cardoso,[306] que conclui no mesmo sentido.

Para o pleno exercício do princípio da defensividade ou da precaução, o sistema de direitos fundamentais é alterado pelo intervencionismo estatal e pela socialização. Como conseqüência, são também buscadas novas concepções para a defesa do direito ao meio ambiente ecologicamente equilibrado. José Luis Bolzan de Morais,[307] explica a

---

[305] "Daí o poder considerar-se que, indirectamente, a culpa da degradação do ambiente também é do Estado, que deve reconhecer as limitações do ordenamento jurídico e do sistema económico e intervir no sentido de as corrigir.
Pode fazê-lo de duas formas: ou directamente, tomando a seu cargo a gestão do bem comum, ou indirectamente, criando normas jurídicas que conduzam os indivíduos e as pessoas morais, enquanto agentes económicos e enquanto cidadãos a ter, em relação ao ambiente, os comportamentos considerados desejáveis." ARAGÃO, Maria Alexandra de Sousa. *Op.cit.*, p. 41.

[306] "Este é um tema um tanto polêmico e complexo, devido à dificuldade de identificar, primeiramente, os danos causados por uma atividade poluidora em toda a sua extensão ou seja, avaliando os efeitos sobre todos os componentes de um ecossistema atingido, além do que, os mencionados elementos não são dotados de um valor de mercado ou seja, não possuem um valor econômico agregado, por isso a necessidade de estabelecer-se os valores econômicos de referência. A degradação ambiental e seus valores econômicos associados – uma proposta." CARDOSO, Artur Renato Albeche. *A Degradação Ambiental e Seus Valores Econômicos Associados – Uma proposta* In: *Temas de Direito Ambiental. Uma visão interdisciplinar.* HAUSEN, Enio Costa; TEIXEIRA, Orci Paulino Bretanha; ÁLVARES, Pércio Brasil (orgs.). Porto Alegre: AEBA, APESP, 2000, p. 85.

[307] "A construção desta idéia implica a transposição do paradigma jurídico clássico, passando a priorizar uma ordem de interesses difusos que, como ficou expresso anteriormente, se referem a um conjunto inapreensível quantitativamente e que, projetando-se ao infinito, pode significar o interesse da espécie humana em sua própria manutenção e, qualitativamente, representam a reversão completa do quadro de paixões e interesses propostos nos últimos séculos por toda uma visão utilitária de mundo." MORAIS, José Luis Bolzan de. *Do Direito Social aos Interesses Transindividuais.* Porto Alegre: Livraria do Advogado, 1996, p. 227.

mudança de rumo no pensamento jurídico nos últimos séculos, relativizando o direito de propriedade, atribuindo-lhe as funções social e ambiental e instituindo o princípio da precaução. Para Maria Alexandra de Sousa Aragão,[308] além de o princípio da precaução impor a obrigação de que sejam adotadas medidas preventivas, o poluidor – agente da possível degradação ambiental – passa a ser aquele que deve provar que não vão ocorrer acidentes ambientais.

Isso quer dizer que, embora o individualismo do homem tenha tornado absoluto o direito de propriedade, com a evolução do direito, sua função social passa a ser reconhecida como princípio legitimador – é instrumento jurídico através do qual o Poder Público intervém na atividade econômica por meio da regulamentação e limitação. Conforme Édis Milaré,[309] a humanidade precisa viver de acordo com a capacidade da Terra, com o uso sustentável e prudente dos recursos da natureza, respeitando-a em seus limites. Eis que ressurge uma antiga concepção: o homem é apenas usufrutuário dos bens ambientais.

Pelo exercício do Poder de Polícia – definido, no art. 78 do Código Tributário Nacional,[310] como um dos instrumentos legais para a intervenção do Poder Público na economia –, as condutas e atividades são fiscalizadas, licenciadas e limitadas em benefício dos interesses públicos, o que aparentemente pode ser visto como uma contradição frente à garantia do direito de propriedade. Assim, pode ser mantido o equilíbrio do ecossistema e podem ser recuperadas áreas degradadas.

---

[308] "Quanto aos objectivos a atingir, o princípio da precaução não reconhece o conceito de nível 'óptimo' ou 'aceitável' de poluição, mas pelo contrário, visa atingir reduções máximas de poluição usando a melhor tecnologia disponível. O princípio reflecte ainda o obrigação de adoptar medidas de prevenção específicas contra acidentes ambientais, e significa que o ónus da prova de que não vão ocorrer acidentes ambientais e de que estão a ser adoptadas medidas preventivas específicas, cabe ao poluidor." ARAGÃO, Maria Alexandra de Sousa. *Op.cit.*, p. 69.

[309] "Com efeito, 'humanidade precisa viver dentro da capacidade de suporte do Planeta Terra. Não existe nenhuma outra opção a longo prazo. Se não utilizarmos as reservas da Terra de maneira sustentável e prudente, estaremos negando um futuro à humanidade. Temos a obrigação de adotar modos de vida e caminhos de desenvolvimento que respeitem e funcionem dentro dos limites da natureza. Podemos realizar isso sem rejeitar os muitos benefícios trazidos pela moderna tecnologia, desde que a própria tecnologia funcione dentro desses limites." MILARÉ, Édis. *A Participação Comunitária na Tutela do Ambiente.* Revista do Ministério Público, Rio Grande do Sul, nº 27. Porto Alegre: 1992, p. 18.

[310] "Considera-se poder de polícia a atividade da administração pública que, limitando ou disciplinando direito, interesse ou liberdade, regula a prática de ato ou abstenção de fato, em razão de interesse público concernente à segurança, à higiene, à ordem, aos costumes, à disciplina da produção e de mercado, ao exercício de atividades econômicas dependentes de concessão ou autorização do poder público, à tranqüilidade pública ou ao respeito à propriedade e aos direitos individuais ou coletivos."

Ensejando o aparecimento do direito ambiental, o legislador edita normas de convivência harmoniosa do homem com a natureza – neste sentido, são as observações de Édis Milaré.[311]

Historicamente, o Poder de Polícia também teve a sua evolução ditada pelas necessidades do Estado. Primeiramente vinculado à concepção liberal do século XVII, visava assegurar à pessoa humana os seus direitos subjetivos – assim, restringia suas funções a uma polícia de segurança. Hoje, em meio ao caos ambiental, o direito ao meio ambiente ecologicamente equilibrado necessita que o conceito de Poder de Polícia seja reavaliado e reconceituado. Com o advento do Estado intervencionista, novos conceitos são criados – e o Poder de Polícia é utilizado também para defender o meio ambiente saudável, ou seja, aquele que propicia a vida com dignidade. Por meio de leis e de atos da administração, o Poder Público passa a atuar como disciplinador do uso dos recursos ambientais.

Em síntese, os conceitos dentro do direito ambiental, como um sistema aberto, podem ser mutáveis, pois devem acompanhar a evolução da humanidade – a involução é vedada, pois é aplicável o princípio da proibição de retrocesso. Orientador da interpretação sistemática do direito ao meio ambiente ecologicamente equilibrado, este princípio determina a exigência de uma qualidade ambiental cada vez mais adequada a uma vida com dignidade, conforme o contexto, isto é, a cultura dos indivíduos, o momento em que se vive. Neste sentido, sustenta Maria Alexandra de Sousa Aragão.[312]

O direito ambiental procura evitar danos ambientais, geralmente irreversíveis e incalculáveis. Entre outros referenciais para a sua avaliação, tem-se a função do bem como elemento de equilíbrio ambiental, e do bem ambiental como essencial à sadia qualidade de vida, cujos titulares são as presentes e futuras gerações. Portanto, é impossível atribuir-lhe, enquanto bem ambiental, um valor meramente econômico.

---

[311] "Começou, então, o legislador a transfundir em normas os valores de convivência harmoniosa do homem com a natureza, ensejando o aparecimento de uma nova disciplina jurídica – o Direito Ambiental – nascida do inquestionável direito subjetivo a um ambiente ecologicamente equilibrado e de um direito objetivo cujos passos, ainda titubeantes, urge afirmar e acelerar". MILARÉ, Édis. *Direito do Ambiente*. 2ª ed. São Paulo: Revista dos Tribunais, 2001, p. 77.

[312] "Historicamente constata-se que as exigências de qualidade do ambiente têm vindo a crescer à medida que aumentam os rendimentos disponíveis, sendo de presumir que as correcções a introduzir nas medidas de protecção do ambiente serão sempre no sentido de as tornar mais rigorosas e onerosas para o poluidor". ARAGÃO, Maria Alexandra de Sousa. *Op. cit.*, p. 122-123.

Conclusão

O direito ao meio ambiente ecologicamente equilibrado, como direito fundamental, foi tratado à luz do direito constitucional e do direito ambiental. Analisada historicamente, a idéia de defesa ambiental em sua evolução, revela o porquê da necessidade não só de conscientizar a humanidade para defender o ecossistema saudável, mas também de o Poder Público intervir na atividade econômica para proteger a natureza como elemento essencial à vida, implementando a legislação ambiental, mesmo que em detrimento de outros interesses – especialmente do direito de uso indiscriminado da propriedade individual. A restrição aos interesses individuais revela-se necessária, face ao interesse coletivo para manter a vida no planeta num ambiente adequado.

Além dos aspectos jurídicos, o planeta Terra é uma síntese de leis naturais e constitui verdadeiramente uma obra prima do Criador. Nele, a vida humana encontra-se diretamente ligada ao ecossistema: o homem depende dos recursos naturais, indispensáveis à sua existência e desenvolvimento. Portanto, deve-se preservar seu equilíbrio e considerá-lo o bem mais precioso que Deus outorgou aos homens, sob pena de se fracassar na obrigação moral e legal de deixar um ambiente equilibrado para as presentes e futuras gerações.

De acordo com a legislação constitucional e infraconstitucional em vigor, as gerações são usuárias e guardiãs dos bens ambientais. Como regra de convivência entre as gerações, o direito ao meio ambiente ecologicamente equilibrado é catalogado na qualidade de direito fundamental e possui conteúdo essencialmente axiológico. Ainda, sustenta-se como um novo direito, embasado em normas e princípios fundamentais: entre eles o da função social e ambiental da propriedade, o da sadia qualidade de vida e o da dignidade da pessoa humana.

A vida saudável está ligada diretamente às condições do ambiente hígido. Por força desta relação, o direito de propriedade, ao longo da evolução do direito ambiental, foi relativizado, e a ele foram incorporadas as funções social e ambiental. A primeira diz respeito ao bem-estar dos indivíduos; e a segunda, ao equilíbrio ambiental. Fica claro que poupar recursos é uma obrigação das gerações do presente e direito das gerações do futuro. Aliás, tal sentimento não é característica somente do nosso tempo: já no século III, Asoka, imperador indiano, reconheceu a importância da economia de recursos ambientais para assegurar a possibilidade de vida das gerações do futuro.

Também no direito internacional, a evolução da proteção ambiental, além de ser uma tentativa para melhorar as péssimas condições de vida no planeta, busca proteger espaços santuários ou espécies relíquia – embora esta proteção tenha conotação predominantemente econômica. O marco inicial para a adoção de medidas protetivas de natureza ambiental foi o primeiro congresso internacional para a proteção da natureza, em 1923, em Paris.

Na evolução dos princípios e normas – tanto no direito estrangeiro quanto no nacional –, que fundamentam o direito ao meio ambiente ecologicamente equilibrado, a humanidade – não mais o homem considerado individualmente – é o centro. Assim, este direito pertence a todos: presentes e futuras gerações. Também significa dizer que o meio ambiente é bem de uso comum do povo e essencial à sadia qualidade de vida, sendo o direito ao meio ambiente ecologicamente equilibrado é interesse transindividual. Fruto deste entendimento, o homem do presente, embora ainda permaneça o centro da criação, tem mais compromissos com a natureza do que direitos.

Na legislação moderna, as normas de proteção ao meio ambiente são de natureza predominante econômica-ambiental. A partir da década de 1970, o direito passou a dar tratamento explícito ao meio ambiente em seus textos, impondo uma tutela mais efetiva. Com a evolução, o direito ao meio ambiente ecologicamente equilibrado foi elevado à categoria de direito fundamental – direito de terceira geração –, consolidando-se num dos maiores direitos da humanidade, pois protege o homem que se vê ameaçado pela degradação ambiental que o atinge de forma mais fundamental: no direito à própria existência.

Para manter um ambiente ecologicamente equilibrado ou para recuperar a qualidade ambiental via legislação constitucional e infraconstitucional, o meio ambiente passou a constar como *bem de uso comum do povo e essencial à sadia qualidade de vida*. Assim, foi a preservação ou recuperação do ecossistema ecologicamente equilibrado, alçada a foco de Direito Fundamental, ponto mais elevado da evolução da legislação. Como valor moral e legal que tem como titulares as presentes e futuras gerações, este direito consubstancia-se na obrigação de poupar recursos ambientais, em especial os não-renováveis – hoje direito assegurado pelas constituições do Brasil e de diversos países.

Além de tratar do meio ambiente como bem de uso comum do povo, autônomo em relação à propriedade a ele conjugada (art. 225, *caput*), a Constituição do Brasil de 1988, cuidou difusamente da questão ambiental em diversos dispositivos, mas não deixou de dar ênfase ao desenvolvimento como meio para alcançar o bem-estar social. Em síntese, reconheceu o direito autônomo ao ambiente ecologicamente equilibrado.

Se nos séculos XVII e XVIII foi feito um apelo ao direito natural para fazer valer os direitos de liberdade, por que não admitir hoje que exista um direito natural ao ambiente como princípio e fundamento do direito positivo? O caráter básico e primário dos novos direitos fundamentais prende-se à sua incindível relação com a índole democrática do nosso ordenamento jurídico, baseado na dignidade da pessoa humana –, piso que baliza toda e qualquer política ambiental ou atividade econômica.

Essas mudanças de paradigmas e de comportamentos, mormente no mundo ocidental, impuseram uma visão de que o ambiente ecologicamente equilibrado não é mais um bem meramente econômico, e determinaram a sua inclusão como valor fundamental na Constituição em vigor. Por conseguinte, legislação infraconstitucional sobre o meio ambiente ecologicamente equilibrado necessitou ser adequada à moldura constitucional. Os interesses difusos, enquanto direitos fundamentais de conteúdo essencialmente cultural e existencial, devem prevalecer sobre os direitos de tipo econômico-patrimonial, pois os direitos subjetivos não possuem as validades públicas e universais que são próprias dos direitos da humanidade.

Dada a interface do direito ambiental com outros ramos do direito, o direito ao meio ambiente ecologicamente equilibrado é agente de transformação da cultura jurídica, haja vista que tem como titulares as presentes e futuras gerações, o que influi na evolução dos institutos

O Direito ao Meio Ambiente

jurídicos. Para sedimentar o Direito Ambiental como novo ramo do Direito do Estado, tanto o ordenamento jurídico interno como o internacional aceita a existência do direito fundamental ao meio ambiente.

Sustentar uma responsabilidade relativa à natureza em prol das gerações presentes e futuras, manter o equilíbrio ambiental e recuperar áreas degradadas é a meta do direito ambiental, criado a partir da conscientização das populações sobre a gravidade da situação do planeta, que vivencia uma crise de desenvolvimento econômico e uma crise ambiental. O meio ambiente ecologicamente equilibrado, direito fundamental de terceira geração, teve sua titularidade outorgada à coletividade ou a entes coletivos e, só excepcionalmente, à pessoa individual –, sendo nesta condição classificado como interesse transindividual. Entre outros assegurados constitucionalmente, o direito de propriedade confronta-se com o direito ao ambiente ecologicamente equilibrado. Resta deste conflito um novo conceito de direito de propriedade: a propriedade passa a ser limitada pelas funções social e ambiental, deixando de ser objeto de uso exclusivo e absoluto de seu titular.

Como produto desta evolução, é apresentado o Estado de Direito Ambiental como o ideal para que o homem sobreviva com qualidade de vida, sem riscos para o seu futuro. Contrariamente a esta nova concepção de Estado, o direito de propriedade ainda hoje continua a ser tratado a partir de uma visão liberal individualista de um direito de propriedade quase absoluto sobre os recursos ambientais. Mas, sem dúvida, mudanças recentes atribuíram funções social e ambiental à propriedade, funções estas essenciais ao Estado Ambiental.

No moderno Estado foi estabelecido com amparo constitucional um novo contrato entre o homem e a natureza, definido como "contrato natural". É importante destacar que a preocupação dos constituintes com a proteção e com a defesa do meio ambiente reduz-se ao próprio homem. Esta atitude é reconhecida num ordenamento jurídico que, para garantir os direitos fundamentais, outorga-lhes uma dimensão constitucional. Portanto, o direito ao meio ambiente ecologicamente equilibrado – direito de terceira geração –, assegura o direito de viver num ambiente sadio.

Como solução proposta para a situação de desequilíbrio ambiental já presente em muitas regiões do planeta, o direito a um ambiente ecologicamente equilibrado passou a integrar diversas legislações modernas, com *status* de direito fundamental, transindividual. O estabelecimento de um meio ambiente adequado e propício à criação e manutenção da vida hígida; ou seja, a preservação, recuperação e melhoria do nosso ecossistema é a verdadeira meta para o século XXI. É a ela que a política e a economia ambientais, aliadas à ciência e ao direito, devem dedicar-se. As futuras gerações não podem ser sobrecarregadas com uma ameaça cada vez maior ao seu bem-estar e à sua própria sobrevivência. Ao ser humano não deve ser dado este direito, razão que conduz a um novo modelo de Estado.

Referências bibliográficas

AMARAL, Gustavo. *Interpretação dos Direitos Fundamentais e o Conflito entre Poderes*. In: *Teoria dos Direitos Fundamentais*. TORRES, Ricardo Lobo (org.). Rio de Janeiro: Renovar, 1999, p. 95-116.

ALEXY, Robert. *Teoria de Los Derechos Fundamentales*. Madrid: Centro de Estudios Constitucionales, 1997.

ALVES, Sergio Luís Mendonça. *Estado Poluidor*. São Paulo: Juarez de Oliveira, 2003.

ANDRADE, José Carlos Vieira de. *Os Direitos Fundamentais na Constituição Portuguesa de 1976*. Coimbra: Livraria Almedina, 1987.

ANTUNES, Luís Filipe Colaço. *O Procedimento Administrativo de Avaliação de Impacto Ambiental* Coimbra: Livraria Almedina, 1998.

ANTUNES, Paulo de Bessa. *Dano Ambiental: Uma Abordagem Conceitual*. Rio de Janeiro: Lumen Juris, 2000.

———. *Direito Ambiental*. 6. ed. Rio de Janeiro: Lumen Juris, 2002.

ARAGÃO, Maria Alexandra de Sousa. *O Princípio do Poluidor Pagador*. Coimbra: Coimbra Editora, 1997.

ARONNE, Ricardo. *Por Uma Nova Hermenêutica dos Direitos Reais Limitados*. Rio de Janeiro: Renovar, 2001.

AZAMBUJA, Darcy. *Teoria Geral do Estado*. 5. ed. Porto Alegre: Globo, 1973.

AZEVEDO, Plauto Faraco de. *Método e Hermenêutica Material no Direito*. Porto Alegre: Livraria do Advogado, 1999.

BANUNAS, Ioberto Tatsch. *Poder de Polícia Ambiental e o Município*. Porto Alegre: Sulina, 2003.

BARCELLOS, Ana Paula de. *A Eficácia Jurídica dos Princípios Constitucionais*. Rio de Janeiro: Renovar, 2002.

BARROSO, Luís Roberto. *A Proteção do Meio Ambiente na Constituição Brasileira*. Rio de Janeiro: Revista Forense, n° 317, 1992, p. 161-178.

———. *O Direito Constitucional e a Efetividade de suas normas. Limites e possibilidades da Constituição Brasileira*. 3. ed. Rio de Janeiro: Renovar, 1996.

BASTOS, Celso Ribeiro. *Hermenêutica e Interpretação Constitucional*. São Paulo: Instituto Brasileiro de Direito Constitucional, 1997.

BÉRNI, Duílio de Ávila. *Conceitos Básicos de Economia*. In: *Introdução à Economia*. SOUZA, Nali de Jesus de (coord.). São Paulo: Atlas 1996, p. 23-40.

O Direito ao Meio Ambiente

BOFF, Leonardo. *Ecologia. Grito da terra, grito dos pobres.* São Paulo: Ática, 1995.

BONAVIDES, Paulo. *A Constituição Aberta.* 2. ed. São Paulo: Malheiros, 1996.

BULOS, Uadi Lammêgo. *Constituição Federal Anotada.* 3. ed. São Paulo: Saraiva, 2001.

CANARIS, Claus-Wilhelm. *Direitos Fundamentais e Direito Privado.* SARLET, Ingo Wolfgang; PINTO, Paulo Mota (trads). Coimbra: Livraria Almedina, 2003.

CANOTILHO, José Joaquim Gomes. *Direito Constitucional e Teoria da Constituição.* 4. ed. Coimbra: Livraria Almedina, 2000.

——. *Estado Constitucional Ecológico e Democracia Sustentada.* In: *Direitos Fundamentais Sociais: Estudos de Direito Constitucional, Internacional e Comparado.* SARLET, Ingo Wolfgang (org.). Rio de Janeiro: Renovar, 2003, p. 493/508.

——. *Estado de Direito.* Lisboa: Gradiva Publicações, 1999.

CAPPELLI, Silvia. *Estudo de Impacto Ambiental na Realidade Brasileira.* Porto Alegre: Revista do Ministério Público, Rio Grande do Sul, nº 27, 1992, p. 45-60.

CARDOSO, Artur Renato Albeche. *A Degradação Ambiental e Seus Valores Econômicos Associados – Uma proposta* In: *Temas de Direito Ambiental. Uma visão interdisciplinar.* HAUSEN, Enio Costa; TEIXEIRA, Orci Paulino Bretanha; ÁLVARES, Pércio Brasil (orgs.). Porto Alegre: AEBA, APESP, 2000, p. 79-100.

CASTRO, Carlos Roberto de Siqueira. *O Direito Ambiental e o Novo Humanismo Ecológico.* Revista de Direito da Procuradoria Geral do Estado do Rio de Janeiro. Rio de Janeiro: Centro de Estudos Jurídicos, 1992, p. 27-40.

CASTRO, João Marcos Adede y. *Legislação Ambiental Brasil-Argentina.* Porto Alegre: Revista do Ministério Público, Rio Grande do Sul, nº 43, 2000, p. 195-235.

CASTRO, José Luis Cascajo; ALVAREZ, Manuel García. *Constituciones Extranjeras Contempóraneas.* 2. ed. Madrid: Editorial Tecnos, 1991.

CORRÊA, Jacson. *Proteção Ambiental & Atividade Minerária.* Curitiba: Juruá, 2003.

COSTA, Célio Silva. *A Interpretação Constitucional e os Direitos e Garantias Fundamentais na Constituição de 1988.* Rio de Janeiro: Liber Juris, 1992.

DUARTE, Cláudio Hiran Alves. *O Município em Função do Ambiente.* Revista da Associação dos Juízes do Rio Grande do Sul nº 68. Porto Alegre: AJURIS, 1996. pp. 278-298.

ESPÍNDOLA, Rui Samuel. *Conceito de Princípios Constitucionais.* 2. ed. São Paulo: Revista dos Tribunais, 2002.

FACHIN, Luiz Edson. *A Função Social da Posse e a Propriedade Contemporânea.* Porto Alegre: Sergio Antonio Fabris Editor, 1988.

FARIA, Bento de. *Das Contravenções Penais.* Rio de Janeiro: Livraria Jacintho, 1942.

FELDMAN, Fábio. *A preservação do meio ambiente na Constituição. PROBLEMAS E REFORMAS. Subsídios para o debate constituinte.* São Paulo: Departamento Editorial da Ordem dos Advogados do Brasil – Secção de São Paulo, 1988, p. 237-280.

FERRAJOLI, Luigi. *Direito e Razão. Teoria do Garantismo Penal.* ZOMER, Ana Paula; CHOUKR, Fauzi Hassan; TAVARES, Juarez; GOMES, Luiz Flávio (trads.). São Paulo: Revista dos Tribunais, 2002.

FERREIRA FILHO, Manoel Gonçalves. *Direitos Humanos Fundamentais.* 2. ed. São Paulo: Saraiva, 1988.

——. *Estado de Direito e Constituição*. 2. ed. São Paulo: Saraiva, 1999.

——. *O Anteprojeto dos Notáveis*. São Paulo: Saraiva, 1987.

FERREIRA, Pinto. *Manual de Direito Constitucional*. Rio de Janeiro: Forense, 1989.

FILOMENO, José Geraldo Brito. *Manual de Teoria Geral do Estado e Ciência Política*. 3. ed. São Paulo: Forense Universitária, 1999.

FIORILLO, Celso Antonio Pacheco. *O Direito de Antena em face do Direito Ambiental no Brasil*. São Paulo: Saraiva, 2000.

FREITAS, Juarez. *A Interpretação Sistemática do Direito*. 3. ed. São Paulo: Malheiros, 2002.

——. *O Controle dos Atos Administrativos e os princípios fundamentais*. 2. ed. São Paulo: Malheiros, 1999.

GONDINHO, André Osório. *Função social da propriedade*. In: *Problemas de Direito Civil – Constitucional*. TEPEDINO, Gustavo (coord.). Rio de Janeiro: Renovar, 2000, p. 397-433.

GRAU, Eros Roberto *A Ordem Econômica na Constituição de 1988 (Interpretação e Crítica)*, 3. ed. São Paulo: Malheiros, 1997.

HESSEN, Johannes. *Filosofia dos Valores*. 5. ed. MONCADA, L. Cabral de (trad.). Coimbra: Armênio Amado Editor, 1980.

HESSE, Konrad. *A Força Normativa da Constituição*. MENDES, Gilmar Ferreira (trad.). Porto Alegre: Sergio Antonio Fabris Editor, 1991.

LAZZARINI, Álvaro. *Das Infrações e das Penalidades Administrativas na Codificação da Legislação Ambiental*. Porto Alegre: Revista do Ministério Público, Estado do Rio Grande do Sul, n° 33, 1994, p. 116-122.

LEAL, Rogério Gesta. *A Função Social da Propriedade e da Cidade no Brasil – aspectos jurídicos e políticos*. Porto Alegre: Livraria do Advogado e da Universidade de Santa Cruz do Sul, 1998.

LEITE, José Rubens Morato. *Dano Ambiental: do individual ao coletivo extrapatrimonial*. São Paulo: Revista dos Tribunais, 2000.

——; AYALA, Patryck de Araújo. *Direito Ambiental na Sociedade de Risco*. Rio de Janeiro: Forense Universitária, 2002.

——. *Estado Constitucional Ecológico e Democracia sustentada*. In: *Direitos Fundamentais Sociais: Estudos de Direito Constitucional, Internacional e Comparado*. SARLET, Ingo Wolfgang (org.). Rio de Janeiro: Renovar, 2003.

LORENZETTI, Ricardo Luis. *Fundamentos do Direito Privado*. FRADERA, Vera Maria de Jacob (trad.). São Paulo: Revista dos Tribunais, 1998.

LORENZO, Wambert Gomes Di. *A Tutela Ambiental Moderna e as RES HUMANI JURIS: um Estudo Comparado*. Revista do Curso de Direito da UFMA, v. 4, n°. 2. São Luiz do Maranhão, 1999, p. 113-123.

LUÑO, Antonio E. Perez. *Derechos Humanos, Estado de Derecho y Constituicion*. 6. ed. Madri: Tecnos, 1999.

MACHADO, Paulo Affonso Leme. *Estudos de Direito Ambiental*. São Paulo: Malheiros, 1994.

MAGALHÃES, Juraci Perez. *A Evolução do Direito Ambiental no Brasil*. São Paulo: Oliveira Mendes, 1998.

O Direito ao Meio Ambiente
ECOLOGICAMENTE EQUILIBRADO COMO DIREITO FUNDAMENTAL

MEDEIROS, Fernanda Luiza Fontoura de. *Meio Ambiente: Direito e Dever Fundamental.* Porto Alegre: Livraria do Advogado, 2004.

MEIRELLES, Hely Lopes. *Direito Municipal Brasileiro.* 12. ed. PRENDES, Célia Marisa; REIS Márcio Schneider (atual.). São Paulo: Malheiros, 2001.

MELO, Sandro Nahmias. *Meio Ambiente do Trabalho: Direito e Dever Fundamental.* São Paulo: LTr, 2001.

MILARÉ, Édis. *A Participação Comunitária na Tutela do Ambiente.* Porto Alegre: Revista do Ministério Público, Rio Grande do Sul, nº 27, 1992, p. 15-30.

———. *Direito do Ambiente.* 2. ed. São Paulo: Revista dos Tribunais, 2001.

MIRANDA, Jorge. *As Constituições Portuguesas.* Lisboa: Livraria Petrony, 1981.

———. *Manual de Direito Constitucional – Tomo IV.* 2. ed. Coimbra: Coimbra, 1988.

———; SILVA, Jorge Pereira da. *Constituição da República Portuguesa.* 2. ed. S. João do Estoril, Cascais: PRINCIPIA, Edições Universitárias e Científicas, 2000.

MONTORO, André Franco. *Introdução à Ciência do Direito.* 24. ed. São Paulo: Revista dos Tribunais, 1997.

MORAES, José Diniz de. *A Função Social da Propriedade e a Constituição Federal de 1988.* São Paulo: Malheiros, 1999.

MORAIS, José Luis Bolzan de. *A Idéia de Direito Social.* Porto Alegre: Livraria do Advogado, 1997.

———. *Do Direito Social aos Interesses Transindividuais.* Porto Alegre: Livraria do Advogado, 1996.

MOREIRA NETO, Diogo de Figueiredo. *Introdução do Direito Ecológico e ao Direito Urbanístico.* 2. ed. Rio de Janeiro: Forense, 1977.

MOURA, Luiz Antônio Abdalla de. *Economia Ambiental – Gestão de Custos e Investimentos.* São Paulo: Juarez de Oliveira, 2000.

NERY JUNIOR, Nelson; NERY, Rosa Maria de Andrade. *Novo Código Civil e Legislação Extravagante Anotados.* São Paulo: Revista dos Tribunais, 2002.

OST, Francois. A Natureza à Margem da Lei. A ecologia à prova do direito. CHAVES, Joana (trad.). Lisboa: Instituto Piaget, 1997.

PEREIRA, Paulo Affonso Soares. *Rios, redes e regiões: a sustentabilidade a partir de um enfoque integrado dos recursos terrestres.* Porto Alegre: AGE, 2000.

PERRONE-MOISÉS, Claudia. *Direito ao Desenvolvimento e Investimentos Estrangeiros.* São Paulo: Oliveira Mendes, 1998.

PEZZELLA, Maria Cristina Cereser. *Propriedade Privada no Direito Romano.* Porto Alegre: Sérgio Antônio Fabris Editor, 1998.

PIMENTA, Paulo Roberto Lyrio. *Eficácia e Aplicabilidade das Normas Constitucionais Programáticas.* São Paulo: Max Limonad, 1999.

PIVA, Rui Carvalho. *Bem Ambiental.* São Paulo: Max Limonad, 2000.

RANGEL, Paulo de Castro. *Concertação, Programação e Direito do Ambiente.* Coimbra: Coimbra Editora, 1994.

RAWLS, John. *Uma Teoria da Justiça.* PISETTA, Almiro; ESTEVES, Lenitam M. R. (trads.). São Paulo: Martins Fontes, 1997.

ROCHA, Júlio Cesar de Sá da. *Função Ambiental da Cidade. Direito ao meio ambiente urbano ecologicamente equilibrado.* São Paulo: Juarez de Oliveira, 1999.

RODRIGUES, Marcelo Abelha. *Instituições de Direito Ambiental*. vol. 1. São Paulo: Max Limonad, 2002.

ROSSIT, Liliana Allodi. *O Meio Ambiente de Trabalho no Direito Ambiental Brasileiro*. São Paulo: LTr, 2001.

RUSCHEL, Ruy Ruben. *Direito Constitucional em Tempos de Crise*. Porto Alegre: Sagra Luzzatto, 1997.

SAMPAIO, José Adércio Leite. *Constituição e Meio Ambiente na Perspectiva do Direito Constitucional Comparado*. In: *Princípios de Direito Ambiental na Dimensão Internacional e Comparada*. SAMPAIO, José Adércio Leite; WOLD, Chris; NARDY, Afrânio (orgs.). Belo Horizonte: Del Rey, 2003, p. 37-111.

SARLET, Ingo Wolfgang. *A Eficácia dos Direitos Fundamentais*. 2. ed. Porto Alegre: Livraria do Advogado, 2001.

———. *Dignidade da Pessoa Humana e Direitos Fundamentais na Constituição de 1988*. Porto Alegre: Livraria do Advogado, 2001.

———. *O Estado Social de Direito, a Proibição de Retrocesso e a Garantia Fundamental da Propriedade*. Porto Alegre: Revista da Faculdade de Direito da UFRGS n° 17, 1999, p. 111-132.

———. *Os Direitos Fundamentais Sociais na Constituição de 1988*. In: *O Direito Público Em Tempos de Crise. Estudos em Homenagem a Ruy Ruben Ruschel*. SARLET, Ingo Wolfgang (org.). Porto Alegre: Livraria do Advogado, 1999, p. 129-173.

SAULE JÚNIOR, Nelson. *Novas Perspectivas do Direito Urbanístico Brasileiro. Ordenamento Constitucional da Política Urbana. Aplicação e Eficácia do Plano Diretor*. Porto Alegre: Sergio Antonio Fabris Editor, 1997.

SÉGUIN, Elida. *O Direito Ambiental: Nossa Casa Planetária*. Rio de Janeiro: Forense, 2000.

SILVA, Geraldo Eulálio do Nascimento e. *Direito Ambiental Internacional*. Rio de Janeiro: Thex, 1995.

SILVA, José Afonso da. *Aplicabilidade das Normas Constitucionais*. 2. ed. São Paulo: Malheiros, 1998.

———. *Curso de Direito Constitucional Positivo*. 11. ed. São Paulo: Malheiros, 1996.

———. *Direito Constitucional Ambiental*. 4. ed. São Paulo: Malheiros, 2002.

———. *Fundamentos constitucionais da proteção do meio ambiente*. São Paulo: Revista dos Tribunais. Revista de Direito Ambiental, n° 27, 2002, p. 51-57.

SILVA, Kelly Susane Alflen da. *Hermenêutica Jurídica e Concretização Judicial*. Porto Alegre: Sérgio Antônio Fabris Editor, 2000.

SOARES, Guido Fernando Silva. *Direito Internacional do Meio Ambiente. Emergência, Obrigações e Responsabilidade*. São Paulo: Atlas, 2001.

STEIGLEDER, Annelise Monteiro. *A Discricionariedade Administrativa e Dever de Proteção do Meio Ambiente*. Porto Alegre: Revista do Ministério Público, Rio Grande do Sul, n°. 48, 2002, p. 271-301.

TEICH, Daniel Hessel. *A Terra pede socorro. Revista Veja*. Ano 35, edição 1765, n°.33, agosto de 2002, p. 80-87.

TEPEDINO, Gustavo. *Temas de Direito Civil*. Rio de Janeiro: Renovar, 1999.

THOMAS, Henry; THOMAS, Dana Lee. *Vidas de Estadistas Famosos*. VALLANDRO, Lino (trad.). 5. ed. Porto Alegre: Globo, 1956.

TORRES, Ricardo Lobo. *A Cidadania Multidimensional na Era dos Direitos.* In: *Teoria dos Direitos Fundamentais.* TORRES, Ricardo Lobo (org.). Rio de Janeiro: Renovar, 1999, p. 239-335.

TOSTES, André. *Sistema de Legislação Ambiental.* Rio de Janeiro: Vozes, 1994.

TRINDADE, Antônio Augusto Cançado. *Direitos Humanos e Meio-Ambiente.* Porto Alegre: Sérgio Antônio Fabris Editor, 1993.

VÉLEZ, Maria Isabel Álvarez; YUSTAS, Maria Fuencisla Alcón. *Las Constituciones de los Quince Estados de La Unión Europea– Textos y Comentarios.* Madrid: Dykinson, 1996.

VIEIRA, Liszt. BREDARIOL, Celso Bredariol. *Cidadania e política ambiental.* Rio de Janeiro: Record, 1998.

WAINER, Ann Helen. *Legislação Ambiental Brasileira.* 2. ed. Rio de Janeiro: Forense, 1999.

Impressão:
Editora Evangraf
Rua Waldomiro Schapke, 77 - P. Alegre, RS
Fone: (51) 3336.2466 - Fax: (51) 3336.0422
E-mail: evangraf@terra.com.br